LA

QUESTION OUVRIÈRE

ET LE

CHRISTIANISME

par

MGR GUIL. EMM. BARON VON KETTELER
Évêque de Mayence

TRADUIT PAR

Édouard CLOES, AVOCAT
et Vice-Président de la Société ouvrière de St-Joseph.

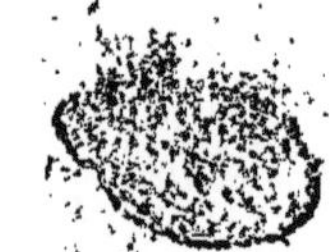

LIÉGE

IMPRIMERIE L. GRANDMONT-DONDERS, LIBRAIRE
Rue Vinâve-d'Ile, 22

1869

LA QUESTION OUVRIÈRE ET LE CHRISTIANISME.

INTRODUCTION

La situation des classes ouvrières préoccupe aujourd'hui tous les esprits. Des projets sans nombre surgissent, des associations se fondent dans le but d'améliorer *l'état moral et matériel des travailleurs.* Des Revues et des Traités se publient sous les titres divers d'*Ami des Ouvriers*, de *Catéchisme du Travailleur*, de *Livre de lecture de l'Ouvrier*, etc.

Au milieu de cette masse discordante de voix et de projets, je désire, à mon tour, en qualité d'évêque catholique, exposer ma manière de voir au sujet de cette grave question. Je revendique pour moi le titre d'ami du peuple et je supplie tous les catholiques de bien daigner méditer mes paroles. Mais, avant tout, il sera utile de dire quelques mots du droit que j'ai d'intervenir dans le débat, et du but que je me propose.

Mon intervention pourrait être récusée pour deux motifs. Le premier dénierait à l'Evêque ce droit que je revendique, ou tout au moins envisagerait mon ingérence comme inutile. Le second voudrait que je me contente de parler aux fidèles.

Je ne partage ni l'une ni l'autre de ces opinions.

Dans la question ouvrière, il s'agit des besoins du peuple chrétien : cette considération suffit à elle seule, me semble-t-il, pour me donner le droit de manifester publiquement mon opinion.

Envisagée à ce point de vue, la question ouvrière devient aussi une question de charité. Jésus-Christ a établi, entre sa religion et tout ce qui touche au soulagement des misères corporelles et spirituelles de l'homme, un lien éternel et indissoluble. L'Eglise n'a jamais cessé de défendre cette idée. L'amour chrétien, se manifestant dans les œuvres de la charité, a été de tout temps l'un des caractères les plus saillants de son histoire ; c'est cet amour qui a donné naissance à son incomparable sollicitude pour les misères humaines. Tout débat qui roule sur les moyens de secourir une misère, est donc essentiellement catholique et religieux: c'est un devoir pour l'Eglise et pour tous ses membres d'y intervenir activement.

J'ai un autre motif encore pour dire mon avis. Je veux montrer le rôle que le Christianisme, avec ses principes et ses moyens d'action, est appelé à remplir dans la solution de ce problème. Tout catholique a le devoir de se former une opinion à ce sujet, s'il ne veut demeurer dans l'indifférence, au milieu des plus graves événements de son temps. Le problème dont il s'agit est de relever *l'état matériel et moral des classes ouvrières*. Divers moyens sont proposés dans ce but. Quoi de plus important que d'en connaître la valeur au point de vue religieux? Les approuverons-nous? leur prêterons-nous ou leur refuserons-nous notre concours? Le Christianisme possède-t-il des moyens qui lui soient propres pour atteindre ce but?

Toutes ces questions sont intimement liées avec la religion chrétienne; comme Evêque et comme catholique, j'ai le droit de les examiner.

Je vais plus loin. A mon avis, non-seulement

les intérêts des classes laborieuses sont intimement liés au Christianisme, mais tous les moyens proposés jusqu'à ce jour, laissent, pour la plupart, la religion de côté, souvent même la combattent, ou affichent pour elle un profond mépris. Or ils ne procureront aux ouvriers quelque soulagement que pour autant qu'ils seront en harmonie avec les préceptes de notre foi. Jésus-Christ n'est pas uniquement le Sauveur du monde parce qu'il a racheté nos âmes ; il nous a aussi apporté le remède à tous nos maux dans l'ordre civil, politique et social. Il est surtout le salut des classes ouvrières ; leur rédemption comme leur perte est dans ses mains. Il les a fait sortir de l'esclavage et les a placées dans la position qu'elles occupent aujourd'hui. Tous les efforts humanitaires des prétendus amis de l'ouvrier n'empêcheront pas celui-ci de retomber dans son ancien abaissement, s'il abandonne Jésus-Christ. La force et l'origine divine du Christianisme se révèlent surtout dans ce qu'il a fait pour cette classe nombreuse de la société. Si nous jetons un regard sur la condition des travailleurs dans l'antiquité païenne et si nous la comparons à ce qu'elle est aujourd'hui, nous ne pourrions, sans ingratitude, méconnaître que c'est à Jésus-Christ qu'ils doivent ce qu'ils sont. De même que l'architecte a le droit de parler de l'église qu'il a édifiée, de même le Christianisme a le droit de faire entendre sa voix lorsqu'il s'agit des classes ouvrières et tout serviteur de l'Église a le même droit.

Je n'ai pas seulement le droit de prendre un vif intérêt aux besoins de la classe ouvrière, de me former une opinion sur les questions qui s'y rapportent et de la manifester publiquement, s'il le faut : c'est aussi mon devoir. Ma qualité d'Evêque, loin de me défendre cette intervention, me l'impose, au contraire, plus impérieusement. Lorsque je fus sacré évêque, avant même de me conférer cette dignité, l'Eglise m'a demandé : « Promets-tu, au nom de ton Dieu, d'être doux » et miséricordieux pour les pauvres, les étrangers et » tous les malheureux », et j'ai répondu : « Je le promets. » Jésus-Christ a dit : « Je vous envoie comme mon Père m'a envoyé. » D'après ces paroles, l'Evêque est son représentant. Aussi l'Eglise demande-t-elle au prêtre, avant de lui conférer la dignité d'Évêque, s'il veut imiter son divin Maître dans son amour pour les classes nécessiteuses. Comment pourrais-je, après une promesse aussi solennelle, rester indifférent dans un débat qui a pour objet les besoins les plus intimes d'une partie aussi nombreuse de l'humanité? La question ouvrière m'intéresse comme évêque autant que le bien-être de ceux de mes diocésains qui font partie de cette classe et surtout autant que le bien-être de tous les travailleurs, mes frères en Jésus-Christ.

Je dédie donc cet écrit à tous ceux qui, en Allemagne, s'occupent de cette grave question dans des sentiments chrétiens. Si la différence de croyance a élevé entre nous une barrière regrettable, l'amour de Dieu est d'ailleurs un lien puissant qui nous permet de nous tendre souvent la main avec joie, lorsqu'il s'agit de la classe ouvrière et des moyens de lui venir en aide.

Si je veux parler au point de vue chrétien de la situation de la classe ouvrière et des moyens de l'améliorer, je ne prétends pas épuiser le sujet. Ce problème, d'ailleurs, n'est pas encore assez élucidé. Mon intention est plutôt d'apporter mon contingent et surtout de mettre en relief un des côtés de la question laissé jusqu'à ce jour dans l'ombre, à savoir : ses rapports avec le Christianisme.

Du reste, c'est au libéralisme antichrétien, à ses fausses doctrines en matière de religion, de politique et d'économie sociale que nous sommes redevables de la question ouvrière. Celle-ci est une des conséquences fatales de la doctrine rationaliste. Nous assistons à sa naissance; mais elle prendra des développements toujours plus considérables et plus graves. On ne pourra les apprécier sainement et dans leur ensemble qu'après qu'elles auront produit leurs effets désastreux. Alors, mais alors seulement, ce vaste sujet pourra être abordé. Des faits nouveaux viendront à l'appui du principe que je ne fais qu'énoncer aujourd'hui et que tous les grands événements de l'histoire ont confirmé jusqu'à présent et confirmeront dans l'avenir, à savoir : *que Jésus-Christ et le Christianisme seuls peuvent sauver le monde et en particulier la classe ouvrière.*

CHAPITRE Ier

IMPORTANCE, OBJET ET ÉTENDUE DE LA QUESTION OUVRIÈRE.

La question ouvrière est essentiellement une *question de subsistances*. Son importance égale donc celle des subsistances ou des moyens de se procurer ce qui est indispensable aux nécessités de la vie : la nourriture, le vêtement, l'habitation. De plus, elle est aussi étendue que le nombre des travailleurs comparé à celui des autres hommes (1). D'un côté donc, elle a pour objet les besoins les plus impérieux de l'homme ; de l'autre, elle embrasse la classe la plus nombreuse de la société (2).

La question ouvrière a donc une importance bien autrement grande que toutes les autres questions politiques. Lisez les débats de nos Chambres législatives et de notre presse journalière ; ne dirait-on pas que les questions politiques sont les plus graves de toutes celles qui concernent l'humanité, qu'elles ont pour objet ses intérêts les plus chers et les plus essentiels? Eh bien ! c'est là une erreur. Les questions politiques proprement dites n'ont d'intérêt réel que pour une infime minorité, à savoir : pour les écrivains, pour ceux

(1) Nous entendons par travailleurs, non-seulement l'ouvrier proprement dit, le journalier, mais aussi ceux qui, étant à la tête d'une industrie, possèdent un si petit capital qu'ils se trouvent dans la même position que l'ouvrier forcé de vivre de son salaire, par exemple : le petit artisan ou industriel, ainsi que le propriétaire d'immeubles, maison ou terre qui vivent surtout de leur salaire.

(2) V. Annexe, I.

dont la principale occupation est de parler et d'écrire, et qui, par suite, dominent la tribune et la presse. Il s'en trouve parmi eux qui exploitent la politique dans un intérêt de parti ou dans des vues de cupidité personnelle. Ils sont les maîtres dans le Parlement et le journalisme, et ils ont trouvé le moyen de se créer une position exceptionnelle. On dirait à les entendre qu'il ne saurait y avoir de salut pour l'humanité, en dehors de leurs principes et des solutions qu'ils proposent. Ces mêmes idées se font jour à la tribune comme dans la presse. Nos journaux sont des séances écrites de nos Chambres législatives et les discours de nos représentants des articles de journal débités à la tribune. Les sujets débattus longuement dans les sessions de nos Chambres et dans la presse quotidienne regardent à peine les travailleurs obligés de gagner leur pain à la sueur de leurs fronts. Toutes les questions politiques à l'ordre du jour n'effleurent guère les pensées journalières de la masse du peuple, les conversations et les sentiments des ouvriers et de leur famille, leurs intérêts, ce qui améliore ou rabaisse leur position et touche à leurs besoins les plus essentiels. Il en est autrement néanmoins lorsqu'un parti, dans des vues d'intérêt personnel, cherche à entraîner les ouvriers dans des mouvements politiques. Ce ne sont pas alors leurs propres intérêts que servent les ouvriers, mais bien ceux des agitateurs qui leur ont donné le change. Ils deviennent les instruments du parti qui les pousse et qui, son but atteint, les abandonne à leur sort. Notre siècle nous a donné plusieurs fois ce spectacle : les partis ont toujours fait croire au peuple qu'ils avaient en vue ses intérêts véritables; au moment décisif, ils l'ont, sous ce prétexte, poussé à l'action ; mais la victoire obtenue, le peuple s'est retrouvé dans la même situation qu'auparavant : ces grandes conquêtes tant vantées n'avaient rien de commun avec ses intérêts et ses besoins. Le peuple dans le fait, a été trompé par les partis, notamment par le parti dominant, le parti libéral. Ses adeptes répètent chaque jour que toutes ces discussions politiques ont en vue le pur amour du peuple, mais en réalité elles ont souvent lésé ses véritables intérêts. C'est acheter le titre d'ami du peuple à trop bas prix, en vérité, que de se contenter d'une certaine activité dans les Chambres législatives et dans la presse. Le véritable ami du peuple, Jésus-Christ, a dit : « *Vous les reconnaîtrez à leurs œuvres.* » Il en est tout autrement aujourd'hui; le prétendu ami du peuple n'a pour lui qu'une vaine phraséologie. Il domine dans les Chambres et dans la presse, et abuse de son pouvoir pour faire croire aux masses que les politiques s'occupent de ses intérêts; il exploite ce thème continuellement pour représenter son activité comme un service éminent rendu à l'humanité. Que d'hommes illustres du parti libéral, en Allemagne, ne doivent leur renommée qu'à cette vaine fantasmagorie, sans qu'ils aient rien fait pour le bien du peuple !

La question ouvrière ne peut être traitée de cette façon. Elle est, en réalité, d'une importance majeure puisqu'elle touche aux intérêts les plus graves du peuple, aux choses qui font l'objet de ses préoccupations journalières et de sa sollicitude continuelle. Son propre entretien et celui de sa famille, c'est-à-dire, les moyens de se procurer la nourriture, le vêtement, l'habitation, pour lui, sa femme et ses enfants, tels sont les objets dont la pensée du travailleur est sans cesse préoccupée, les questions qui sont au fond de toutes ses joies et de toutes ses tristesses. La question ouvrière, nous le répétons, est une question de subsistances; elle embrasse la plus grande partie de l'humanité. Le vrai bienfaiteur de l'ouvrier serait, à notre avis, celui qui donnerait un bon conseil pour aider à la résoudre.

CHAPITRE II.

DES OUVRIERS INFIRMES ET MALADES.

Le nombre des ouvriers incapables de travailler sera toujours considérable. L'ouvrier n'a d'autres ressources pour vivre que son salaire : si donc il devient incapable de travailler et qu'il n'ait pas d'épargne, il est immédiatement privé, lui et les siens, du nécessaire que lui procurait son travail. Il est, par suite, dans l'impossibilité de se suffire à lui-même et nécessairement obligé de réclamer le secours de ses semblables. Il suffit d'exprimer cette idée, pour montrer l'intime connexion qui existe entre cette situation d'un grand nombre d'ouvriers, le Christianisme et la charité chrétienne. Quelques grands industriels et quelques sociétés puissantes ont, à la vérité, créé, en dehors des principes chrétiens et par pure humanité, des institutions pour venir en aide à leurs ouvriers incapables de travailler; il y aurait injustice à le méconnaître. Mais en présence de l'étendue des besoins, c'est une goutte d'eau dans la mer. Presque tous les pauvres de la terre appartiennent à la classe des ouvriers devenus incapables de travailler. C'est à la charité et à l'esprit du Christianisme que l'on doit ces innombrables institutions de charité qui couvrent le globe, de même que les hôpitaux, les hospices pour les vieillards et les infirmes ; c'est lui qui les a inspirées et fondées. Notre siècle profite encore de ces biens et de ces institutions, quoi qu'il en ait oublié l'origine et enlevé l'administration à l'Eglise pour la remettre aux mains de ses ennemis. Une des opérations favorites du libéralisme est précisément d'enlever à l'Eglise les immenses richesses accumulées par elle en Europe au profit des pauvres et d'anéantir toute trace de leur origine. Un seul point les rattache encore d'une manière indissoluble à l'Eglise et au Christianisme, c'est l'esprit qui les a créées.

L'antiquité païenne ne connaissait pas les institutions pour les ouvriers incapables de travailler : elle laissait périr ceux-ci misérablement. Le paganisme moderne n'en a créé que là où le christianisme lui avait donné l'impulsion ; son esprit l'en rendait incapable, il n'a agi contre ses tendances que dans certaines circonstances spéciales et en vue de faire concurrence à l'Eglise. Il en sera toujours de même. La véritable sollicitude pour l'ouvrier incapable de travail *n'existe que dans l'Eglise;* elle ne se développe que chez ceux qui ont puisé dans l'Eglise et dans le Christianisme le véritable amour du prochain. Malheur à l'ouvrier infirme s'il était possible d'anéantir l'influence du Christianisme et de l'Eglise! Il retomberait bientôt dans la situation désastreuse que lui avait faite l'antiquité païenne.

Mais le Christianisme ne prouve pas seulement sa sollicitude pour le travailleur infirme en créant des institutions où celui-ci est soigné et en amassant l'argent nécessaire à leur entretien ; il suscite encore, par la force de son amour surnaturel, des hommes qui se dévouent dans ces établissements, eux, leur vie et leurs facultés entières , au service des malheureux. La création de ces établissements est bien moins importante que les soins dont les ouvriers invalides y sont l'objet. C'est beaucoup sans doute de fonder, mais les soins à donner aux pauvres sont d'une tout autre importance. Ceux qui remplissent cette fonction dans les hôpitaux et les hospices d'infirmes peuvent avoir un double but. Les uns la considèrent comme un moyen de gagner leur vie : ils laissent la charge des services rebutants à des subalternes qui se louent, à cet effet, comme les domestiques. Mais, en général, le travail dans ces établissements est pénible et repoussant pour la nature; aussi les bons domestiques préfèrent-ils le service des familles aisées, plus agréable et mieux rémunéré; par suite ceux des hôpitaux se recrutent parmi les plus mauvais et les plus incapables. Qui souffre de cet état de choses? le travailleur pauvre. Les autres se dévouent à cette tâche non en vue du salaire, mais par charité chrétienne. Ils appartiennent, en général, aux classes de la société que leur position affranchit de l'obligation de travailler pour vivre. Ils choisissent librement cet état et dans des conditions qui en éloignent les domestiques ordinaires. Ils le choisissent par les motifs les plus élevés qui puissent diriger les actes de l'homme, par pur amour, parce qu'ils voient dans le plus pauvre et le plus malheureux des ouvriers, un frère, un enfant de Dieu. Inutile d'insister sur ce point : on comprend l'influence immense que doit exercer cette manière de voir sur les soins donnés aux malheureux comparés à ceux qu'ils recevraient de gens salariés. Le Christianisme seul connaît ces hommes, le vrai Christianisme seul, celui qui prend sa source et puise sa force divine dans la croyance au Fils de Dieu. La philantropie peut imiter, jusqu'à un certain point, l'amour chrétien du prochain quant aux aumônes et aux institutions de bienfaisance; mais cette charité qui pousse l'homme à consacrer sa vie elle-même au service du pauvre, à se faire le valet du domestique pauvre et malade, se trouve trop haut pour qu'elle y puisse atteindre. L'Église a eu de tout temps, elle possède encore aujourd'hui sur toute la surface de la terre d'innombrables légions de ses enfants, sortis des classes élevées de la société, qui se sont faits librement les serviteurs des ouvriers malheureux et leur ont consacré leur vie. Elle peut à tout instant susciter et désigner par leurs noms des hommes qui se dévouent ainsi pour la classe ouvrière, tandis que les efforts réunis de tous les philantropes de la terre n'ont pu faire naître chez un seul homme un amour capable d'un tel sacrifice, ni créer une sœur de charité : ils n'ont à offrir à l'ouvrier que le mercenaire. Nous reviendrons plus tard sur les créations du Christianisme.

Je ne puis m'empêcher de faire ici une autre remarque : les biens que la sécularisation a enlevés à l'Eglise sont considérables. Ils appartiennent en majeure partie à l'Etat ; leurs revenus sont perçus par le fisc et dégrèvent plus ou moins les contribuables. La sécularisation a été un vol véritable que la négation de tous les principes, bases du droit de propriété, a seule rendu possible. L'Eglise a pour jamais renoncé à en réclamer la restitution. Mais les pauvres ont un droit subsidiaire à cette propriété ; les propriétés ecclésiastiques, d'après le droit canon et la volonté des donateurs, sont aussi la propriété des pauvres. Consacrer ces propriétés au soulagement des malheureux, serait, de la part de l'Etat, une sorte d'expiation du vol qu'il a commis. Que de grandes choses pourraient alors être entreprises ! Que de misères seraient soulagées ! Si cette idée semble inopportune, elle est si frappante de vérité que je n'ai pas hésité à l'exprimer.

Abandonnons maintenant l'ouvrier incapable de travailler et réduit à vivre d'aumônes, pour aborder la question ouvrière proprement dite.

CHAPITRE III.

SITUATION DES CLASSES OUVRIÈRES.

Quand on veut apprécier sainement les moyens proposés en vue de relever les classes ouvrières, il faut se rendre un compte exact des ressources dont celles-ci disposent aujourd'hui pour acquérir et subsister, et des causes qui ont amené la situation actuelle. Ce sera l'objet de ce chapitre et du suivant. Notre jugement sur la valeur de ces moyens sera d'autant plus vrai que nous aurons plus nettement dépeint la situation et signalé avec plus de clarté les causes qui l'ont fait naître. C'est faute d'examen que cette question est restée si obscure et que les déceptions ont été si nombreuses.

Nous allons examiner à notre tour dans ce chapitre la situation des classes ouvrières. Nous ne prétendons pas qu'elle soit la même partout et dans toutes les classes de travailleurs. Les principes économiques modernes n'ont pas reçu leur application complète dans tous les pays; encore moins ont-ils pénétré dans les rapports de la vie de l'ouvrier et donné toutes leurs conséquences. Ce que nous dirons de l'alimentation de l'ouvrier ne sera malheureusement que la peinture fidèle de ce qui existe dans un grand nombre de pays et chez beaucoup d'ouvriers : nous en verrons ressortir les principes sur lesquels repose aujourd'hui l'organisation générale des classes ouvrières et qui, par une nécessité fatale, produiront insensiblement les mêmes conséquences dans tous les Etats modernes.

En règle générale, c'est sur le salaire que repose

l'existence matérielle des classes ouvrières; c'est le salaire qui les met à même de se procurer les choses nécessaires à leur existence et à celle de leurs familles. Les exceptions sont tellement rares qu'elles n'altèrent en rien la règle. Or, aujourd'hui le salaire se détermine d'après le strict nécessaire dans le sens le plus étroit, c'est-à-dire d'après ce qui est indispensable à l'homme sous le rapport de la nourriture, du vêtement et du logement, pour conserver son existence physique. Les discussions entre Lasalle et ses contradicteurs ont mis ce fait en telle évidence, qu'il est impossible de le contester sans tromper le peuple. On l'a dit avec raison : là se trouve toute la question ouvrière. Le salaire nous révèle les souffrances de l'ouvrier et nous fournit en même temps la pierre de touche pour juger des moyens proposés en vue d'améliorer sa situation.

Les considérations qui suivent mettront cette vérité en pleine lumière.

Le travail est devenu de nos jours une marchandise, soumise aux mêmes lois qui régissent toutes les autres. Le prix du travail, le salaire, se règle donc, comme celui de la marchandise, d'après l'offre et la demande. Le prix de la marchandise est d'abord déterminé par les frais indispensables de production. Mais la concurrence exige que le producteur se procure la marchandise au plus bas prix possible, afin de la vendre à un prix inférieur. S'il y parvient, il écartera peu à peu du marché tous ceux qui ne peuvent livrer une marchandise de même qualité qu'à un prix supérieur. Il arrivera même parfois que, pour soutenir une industrie qui périclite et prolonger quelque temps son existence impossible, on vendra en dessous du prix e revient; mais au bout de ceci, sont le désastre et la ruine. Tous ces principes sont applicables au travail et au salaire. De même que les frais de production déterminent le prix de la marchandise, de même aussi le prix du travail se détermine par les stricts besoins de l'homme en fait de nourriture, de vêtement et d'habitation. Pour vaincre la concurrence, le producteur s'efforce de diminuer les frais de production : s'il y a surabondance de travailleurs, les ouvriers sont fatalement amenés, pour conserver leur vie, à retrancher sur ce qui leur est nécessaire. Les producteurs sur le marché sont là qui leur demandent : qui veut travailler pour le moindre salaire? et tous s'efforcent à l'envi dans la mesure de leurs besoins, de réclamer un prix inférieur de leur travail. Enfin, comme pour la marchandise, arrive un jour, jour de désolation où cette marchandise humaine est offerte en dessous du prix de revient, c'est-à-dire, pour parler clairement il arrive un moment où la nécessité force le malheureux ouvrier de ne réclamer qu'un salaire insuffisant pour subvenir à ses besoins les plus pressants et à ceux de sa famille. Il doit alors, lui et les siens, se priver de ce strict nécessaire en nourriture, vêtement et logement, puisque son salaire ne peut plus le lui procurer. Etre privé du strict nécessaire, même pour quelques jours! que de misère et de douleur dans ce seul mot!

Voilà la situation de nos classes ouvrières : elles sont réduites à vivre de leur salaire : celui ci est une marchandise dont la valeur suit les fluctuations de l'offre et de la demande. L'axe autour duquel il tourne, ce sont les besoins de la vie. L'offre est-elle supérieure à la demande, il s'élève quelque peu au-dessus de son axe, pour descendre dans le cas contraire. La tendance générale de produire à bon marché se manifeste là, comme pour la marchandise : mais ici la production à bon marché se traduit en privations et cette fluctuation, pour ainsi dire mécanique, produit parfois cette conséquence que le prix du travail ne suffit plus aux nécessités les plus impérieuses de la vie et que des classes de travailleurs et leurs familles languissent et meurent de faim.

Quelle situation! Si les conséquences ne s'en sont pas encore fait sentir partout dans toute leur force, elles ne tarderont pas à se produire. Elles nous montreront alors combien était aveugle cet amour du peuple qui les ont engendrées. *Il n'y a plus de doute possible aujourd'hui : l'existence matérielle de la classe ouvrière presque tout entière, c'est-à-dire de la grande masse des citoyens de tous les États modernes, celle de leur famille, le pain quotidien nécessaire à l'ouvrier, à sa femme et à ses enfants*, *est soumise à toutes les fluctuations du marché et du prix de la marchandise*. Connaissez-vous quelque chose de plus déplorable qu'une telle situation? Quels sentiments doit-elle éveiller dans le cœur de ces malheureux qui se voient chaque jour eux et ceux qui leur sont chers, exposés aux éventualités d'un marché! C'est le marché aux esclaves de l'Europe libérale, taillé sur le modèle de notre libéralisme et de notre franc-maçonnerie philantropiques, éclairés et antichrétiens.

CHAPITRE IV.

CAUSES DE CETTE SITUATION.

Il n'en a pas toujours été ainsi. Cette situation des classes laborieuses n'est devenue générale que dans les États modernes. Constatons un fait, nous l'apprécierons plus tard : l'instabilité de la position des classes ouvrières dépend de leur salaire ; celui-ci, à son tour, dépend de l'offre et de la demande ; il dépasse rarement le strict nécessaire et descend fréquemment au-dessous. Or, cette situation était inconnue jadis ; elle a pris naissance depuis la constitution des États modernes d'après les principes de la révolution.

Il est, par suite, important de se faire une notion exacte des causes de cette situation, des principes économiques auxquels elle doit son origine. Nous pouvons les décrire avec pleine certitude et une rigoureuse justesse. Ne perdons pas de vue les pages précédentes et demandons-nous ensuite *ce qui a fait du travail une marchandise et ce qui en a rabaissé la valeur jusqu'au dernier degré du strict nécessaire.*

Le prix de la marchandise est fixé par l'offre et la demande, la concurrence est la règle de celle-ci. La concurrence atteint son complet développement lorsque tous les obstacles naturels et artificiels sont écartés, notamment par la disparition des barrières qui entravent le commerce. L'établissement du libre-échange entraînerait donc la concurrence la plus étendue et celle-ci ferait descendre le prix de la marchandise à la limite extrême des frais de production. Si une marchandise pouvait être amenée de tous les points du globe sur le même marché, celui qui, à qualité égale, l'offrirait au plus bas prix, l'emporterait sur les autres producteurs et les forcerait ou à abandonner le marché, ou à baisser leur prix. Plus la liberté du commerce s'étendra et plus cette affirmation sera vérifiée. Ses conséquences se produiront plus impitoyables, grâce à la facilité des communications et de l'échange des prix-courants entre les cinq parties du monde. Les frais de transport seuls y apportent quelques modifications et opposent une digue naturelle à cette loi du système du libre échange. Une diminution, toujours possible, de ces frais l'aura bientôt fait disparaître.

Appliquons ces principes au travail devenu une marchandise, nous aurons évidemment la véritable raison de la condition des classes ouvrières telle que nous l'avons dépeinte. Le salaire est fixé par l'offre et la demande; celles-ci ont, comme pour la marchandise, la concurrence pour règle. La concurrence la plus illimitée abaissera les salaires jusqu'à la limite extrême du possible. Elle se produira lorsque le travail sera privé de toutes ses lois protectrices. L'abolition de toutes les restrictions à la liberté des professions aura, pour les ouvriers, les mêmes conséquences que celles des entraves à la liberté du commerce. La liberté absolue de l'industrie conduira, elle aussi, inévitablement à la concurrence sans bornes entre ouvriers; celle-ci à son tour entraînera fatalement l'abaissement des salaires jusqu'aux dernières limites.

La liberté des professions est donc une des causes de

la situation des classes ouvrières. C'est là un fait incontestable. Le travail est devenu une marchandise ; par suite de la concurrence, on les achète l'un et l'autre au plus bas prix auquel ils sont offerts. Quel homme de bon sens oserait nier cette vérité? Il importe de la redire sous toutes les formes. Les partis qui veulent s'imposer au peuple la lui cachent. Cela est vrai surtout du *parti libéral*, composé en grande partie d'adeptes de la franc-maçonnerie, de grands capitalistes, de professeurs rationalistes et de littérateurs populaires qui mangent à la table de ces grands seigneurs et sont obligés chaque jour d'élever la voix et d'écrire en leur faveur. Pour gagner la confiance du peuple, ce parti a écrit sur son drapeau : « Association nationale. » Il s'est intitulé « progressiste » jusqu'au jour où la mode le forcera d'adopter un autre nom, tout aussi trompeur que le premier. Nous en disons autant du *parti radical*. Il se distingue généralement par une logique plus serrée que le parti libéral. Tous deux s'accordent sur ce point, que la liberté illimitée des professions est un axiome incontestable aujourd'hui. Nous n'examinons pas, quant à présent, si ce principe est exact ; mais nous soutenons que, si cette liberté des professions est nécessaire, on ne peut cacher aux masses que, devenant illimitée, elle a pour conséquence immédiate et inévitable l'état actuel des populations ouvrières. Ces partis ressemblent à ce prétendu camarade qui, après avoir jeté son compagnon à l'eau, se tiendrait sur la rive et exposerait toutes les théories imaginables sur le moyen de sauver cet homme qui se noie; puis réclamerait, comme récompense d'une si louable activité, le titre de philanthrope et d'ami sincère, sans même penser qu'il a lui-même placé son ami dans la position où il se trouve.

Ne concluez pas de mes paroles que je veuille rétablir les maîtrises des temps passés et que je réprouve tous les efforts faits en vue d'étendre la liberté des professions. Soumettons ce point à un examen plus attentif, afin de faire disparaître ce préjugé.

L'autorité et la liberté ont cela de commun qu'elles sont basées toutes deux sur l'idée d'un Dieu éternel; le salut de l'humanité repose sur le développement de cette idée; mais celle-ci ne se manifestera jamais dans toute sa pureté (1), parce qu'elle est appliquée par des êtres humains, qu'elle sera toujours comprise par notre esprit borné et exploitée par notre égoïsme.

C'est ce qui arrive pour l'autorité. Elle a pour base une pensée divine, puisqu'elle dérive immédiatement de l'autorité divine; elle la représente sous des formes diverses dans toutes les relations sociales. Il est donc souverainement ridicule de considérer la volonté de la nation comme l'équivalent de cette autorité. Mais l'autorité dont l'essence est divine, est exercée par des hommes et il faut le reconnaître, cet exercice est loin d'être toujours divin, l'égoïsme l'exploite à son profit et il peut conduire l'humanité à sa ruine. Il arrive, en effet, un temps où la liberté méprisée revendique nécessairement ses droits. Elle aussi a pour base une idée divine qu'il n'est pas permis d'altérer; les hommes, dans la pratique, en abusent étrangement.

(1) Nous n'en exceptons que les préceptes de l'Église, expliquant la révélation, parce que, d'après notre foi, ils sont inspirés de Dieu et, par suite, infaillibles.

Ces abus se produisent par la désobéissance, par la révolte contre les lois et les autorités constituées. La liberté, elle aussi, peut nous conduire à la ruine, et arrivée à ce point, elle provoque nécessairement une réaction. La lutte de ces deux principes durera autant que le monde avec les mêmes alternatives et tout homme qui s'efforce d'unir et de concilier l'autorité et la liberté au dedans de lui-même comme dans la position qu'il occupe, celui-là accomplit sur la terre la mission que Dieu lui a donnée. Ces phénomènes fondamentaux se reflètent dans toutes les phases de la vie humaine, ils éclairent et obscurcissent tour à tour les questions qui nous occupent en ce moment. Les maîtrises sont une restriction de la liberté appliquée aux professions; elles représentent donc pour ainsi dire l'autorité voulant empêcher l'abus de la liberté. L'idée qui a présidé à leur établissement était de protéger le travailleur; c'était une sorte de contrat entre les classes ouvrières et le reste de la société (1). D'après ce contrat, les classes ouvrières garantissaient une production suffisante, et, en retour, la société, en restreignant la concurrence, leur assurait un salaire plus élevé et mettait ainsi leur existence à l'abri de fluctuations journalières. Celui qui donne son travail à un autre et doit en retirer les moyens de subsister, a une sorte de droit naturel à ce que l'existence lui soit garantie dans l'avenir, et ne soit pas mise chaque jour en question par la concurrence. Toutes les classes de la société sont protégées de la même façon par des digues naturelles.

(1) Nous prenons ici contrat dans le sens de rapport juridique bilatéral, dérivant non d'un acte souscrit par les parties, mais de la nature des choses telles que Dieu l'a établie.

Pourquoi le travailleur seul devrait-il être exclu de ce bienfait? Pourquoi devrait-il seul se rendre chaque jour à son travail assailli par cette pensée: J'ignore si demain j'aurai encore le salaire qui nous fait vivre, moi, ma femme et mes enfants; qui sait? demain peut-être arrivera d'un pays éloigné une troupe d'ouvriers affamés qui réclameront un salaire moindre et je devrai mourir de faim avec ma femme et mes enfants. Le grand industriel trouve dans son capital une protection multiple; sous un certain rapport, le libre échange n'est pour lui qu'un vain mot; mais l'ouvrier ne doit pas être protégé: de là l'acharnement contre l'établissement des maîtrises. Loin de nous la pensée de prétendre que l'organisation des maîtrises n'était pas défectueuse. On a souvent abusé de l'autorité et cependant on n'a pu l'anéantir. Les maîtrises ont donné lieu à de graves abus parce qu'elles étaient mal organisées. Elles ont servi à protéger l'égoïsme et la paresse, augmenté plus que de raison le prix de la marchandise et lésé les consommateurs en leur fournissant des produits de mauvaise qualité: il eût fallu les réorganiser. Mais le principe sur lequel elles reposaient, était vrai et devait être conservé. La liberté des professions est aux maîtrises ce que la liberté est vis-à-vis de l'autorité. Celle-ci est, sans doute, légitime jusqu'à un certain point, mais elle a ses bornes qu'elle ne doit pas dépasser. Ce sont les abus et l'égoïsme des maîtres qui ont fait désirer la liberté des professions. Celle-ci a augmenté considérablement la production; elle a amélioré les produits sous bien des rapports, elle a abaissé leur prix trop élevé et rendu possible aux classes d'hommes les moins fortunés la satisfaction d'un grand nombre de besoins physiques qu'ils ne pouvaient contenter auparavant. Mais elle a aussi ses limites indispensables et sa mesure fixe; si elle les dépasse, elle entraîne des conséquences non moins déplorables que les abus des maîtrises.

Jusqu'à présent nous n'avons fait connaître qu'une des causes qui ont amené la situation actuelle des classes ouvrières, mis le travail au rang des marchandises et abaissé son prix au dessous du strict nécessaire. Considérons maintenant la seconde cause qui exerce une influence décisive notamment sur le prix de la marchandise, je veux parler de la prépondérance du capital.

Cette prépondérance exerce une influence pernicieuse sur les classes ouvrières sous un double rapport. *D'abord elle diminue le nombre des travailleurs indépendants et augmente celui des journaliers et des ouvriers de fabrique.* Ce point est évident et dérive forcément des principes économiques aujourd'hui en honneur. Ainsi il est reconnu qu'à Paris la plupart des louageurs propriétaires ont disparu et sont devenus cochers, depuis qu'une compagnie de capitalistes a été fondée dans cette ville pour l'entreprise des transports de toute espèce. Il en arriverait de même si de grands entrepreneurs ou des sociétés disposant de grands capitaux s'emparaient de l'industrie des constructions. Ils achèteraient le fonds, livreraient les pierres, le bois et la chaux, feraient eux-mêmes les transports, élèveraient les bâtiments et les achèveraient. Tous ceux qui, auparavant, agissaient comme maîtres et ouvriers indépendants, entreraient dans la condition d'ouvriers à la journée. Il en sera de même dans toute autre branche de l'industrie. Plus le capital sera grand, plus ces résultats apparaîtront au grand jour. Si l'on songe à quel degré est déjà parvenue cette accumulation de capitaux dans les mains de quelques hommes et de quelques sociétés, on sera forcé de reconnaître qu'il est impossible de prévoir de nos jours l'influence que le capital exercera dans l'avenir. Le nombre des ouvriers à la journée ira toujours croissant, car les affaires tendent de plus en plus à se concentrer en quelques mains.

Le capital produit encore un *autre effet, grâce au concours que lui prêtent les machines : c'est d'abaisser de plus en plus le prix des marchandises* (1). Le prix de la marchandise fabriquée à la mécanique ne se détermine plus d'après le salaire nécessaire à la vie de l'ouvrier, mais d'après le coût des machines et les frais d'exploitation : c'est contre le prix ainsi fixé que l'ouvrier doit lutter. Il ne se trouve pas seulement en concurrence avec d'autres ouvriers qui doivent, comme lui, boire, manger et dormir; non, il trouve pour adversaire une machine qui n'éprouve ni faim ni sommeil et qui, sans repos, le jour comme la nuit, travaille, non pas avec la force d'un homme, mais celle d'un nombre déterminé de chevaux. Tandis que la malheureuse couturière, accablée de fatigue, laisse tomber sa tête sur sa poitrine et s'endort sur le tissu qu'elle transforme, la machine à coudre travaille avec une vitesse qu'un grand nombre de mains ne pourraient égaler. Et cependant

(1) Il va de soi que je n'attaque pas ici l'emploi des machines en elles-mêmes. Dompter les forces naturelles et les employer au service de l'homme, c'est un triomphe de l'esprit sur la matière, dont l'usage rationnel aura pour conséquence d'affranchir l'homme de plus en plus de la nécessité et de l'esclavage du travail matériel.

l'ouvrière doit se contenter du prix de l'ouvrage fait à la machine. Il en est ainsi dans toutes les branches de l'industrie. Remarquons que ces faits datent d'hier. Qu'arrivera-t-il, lorsque ces machines impitoyables, tant vantées par nos économistes et nos philanthropes modernes, se seront implantées dans les branches de l'industrie qui procurent aujourd'hui le pain à l'ouvrier ?

Telle est la situation des classes ouvrières dont les premières phases commencent seulement à se dérouler devant nous ! Tels sont les deux principes économiques d'où elles dérivent ! Les gouvernements auraient dû distinguer dans les maîtrises l'abus de ce qui était légitime et combiner ce qu'elles avaient d'utile avec ce qu'il y a, dans la liberté des professions, de bon et de juste. Mais la véritable sagesse semble abandonner les Etats modernes. Les gouvernants ne dirigent plus guère les peuples que comme le sabot dirige la voiture sur la pente d'une montagne abrupte : ils se laissent diriger et entraîner par les idées modernes et l'esprit de parti, et leur principale occupation est de modérer la rapidité avec laquelle ils nous entraînent à l'abîme. Ainsi, ils n'ont pas su réorganiser les classes ouvrières dans le sens que nous venons d'indiquer, et nous courons infailliblement à une liberté illimitée des professions avec toutes ses conséquences. Les abus de cette liberté seront *plus pernicieux que ceux des maîtrises*.

Peut-on se figurer quelque chose de plus lamentable que la situation de la classe ouvrière, si nombreuse cependant, offerte chaque jour comme marchandise sur le marché, mendiant le salaire qui doit lui fournir du pain et se disant : « Demain, je n'aurai pas de pain à offrir à ma femme et à mes enfants affamés, nous serons nus et sans abri. » Dans cette situation, l'humanité ressemblera à une mer battue sans cesse par l'ouragan et dont les flots agités détruiront tout sur leur passage.

Après avoir exposé la position des classes ouvrières quant à leur entretien et les causes qui l'ont amenée, nous devons examiner les moyens proposés pour l'améliorer et constater leur valeur.

CHAPITRE V.

PROPOSITIONS DU PARTI LIBÉRAL.

Nous pouvons ranger en trois catégories les moyens proposés par le parti libéral : ils sont les corollaires les uns des autres.

La première catégorie comprend les moyens suivants, tous vantés comme infaillibles : 1° *Liberté illimitée de l'industrie*; 2° *liberté illimitée du commerce*; 3° *liberté illimitée d'émigration*, c'est-à-dire le droit pour chacun, à quelque commune, province ou nation qu'il appartienne, de fixer son *séjour* là où il le juge à propos et d'y exercer telle profession de son choix. Ainsi, franchise non-seulement pour les indigènes, mais encore pour *toutes* les nations, non-seulement pour *un* pays, mais pour *tous* ;

4° *Droit d'acquérir l'indigénat* dans une commune quelconque après un séjour, non interrompu, de quelques années, sans avoir eu besoin de l'assistance publique ;

5° Droit illimité *de se marier* sauf les conditions générales exigées par le droit commun et abolition de toutes autres restrictions, notamment de l'assentiment de la commune où l'on est né ou domicilié, du consentement d'un magistrat quelconque, de l'obligation de prouver que l'on est capable de nourrir une famille, de l'acquisition de l'indigénat dans l'Etat ou la commune (1).

(1) Résolution du 6e Congrès des économistes allemands, à Dresde, le 14 septembre 1863. Arbeiterfreund, 3e livraison. Année 1863, p. 353.

Ces mesures ne doivent servir que de préliminaires, de préparation aux suivantes qui forment la deuxième catégorie : *le self-help de chaque travailleur, l'instruction de la classe ouvrière.*

Enfin la 3e catégorie de moyens proposés forme le couronnement de tout le système : *l'établissement de sociétés ouvrières établies d'après certaines données et provoquées par le self-help social.*

Toutes les solutions du parti libéral peuvent se ranger dans l'une ou l'autre de ces catégories. On ne saurait nier qu'elles ne soient inspirées par le désir de venir en aide aux classes ouvrières et qu'elles ne prouvent une connaissance plus ou moins exacte de la situation actuelle. Quelques-unes sont justes en elles-mêmes et bien fondées. Toutefois elles renferment, me semble-t-il, des exagérations, des contradictions et sont environnées d'une grande obscurité. Leur principe fondamental est complètement faux; ce qu'elles ont de vrai n'est pas nouveau et ce qu'elles renferment de nouveau est inexact. Enfin elles sont radicalement impuissantes pour apporter un soulagement réel aux maux dont souffrent les classes ouvrières. Essayons de donner une preuve plus complète de ces assertions.

La première catégorie de moyens proposés n'est rien moins que la dislocation de l'humanité. Elle est basée sur des données rationalistes, qui sont dans les habitudes de ce parti. C'est l'application à l'humanité des doctrines matérialistes. L'atome, d'après celles-ci, est l'origine de tout être ; il renferme en lui-même la source de l'être, il le forme par sa réunion avec d'autres atomes. Il doit en être de même des classes ouvrières. Voilà le principe fondamental, le principe générateur de l'économie politique moderne. Il serait vrai, si l'on ne considérait les hommes en société que sous le rapport du nombre. Le nombre le plus élevé se compose d'unités qui, toutes, ont la même valeur; qu'on les mette où l'on veut, au commencement, au milieu ou à la fin, elles sont toujours à leur place. S'il en était de même des hommes, il n'y aurait certes rien de mieux à faire que de morceler l'humanité tout entière, dans les cinq parties du monde, en unités et de réunir celles-ci à volonté: cet assemblage serait toujours parfait; les rapports seraient excellents. Il manque une chose à ce système qui veut la destruction de toute entrave à la liberté absolue, pour être conséquent. D'après lui, toute restriction apportée au mariage doit être abolie, mais alors il devrait exiger aussi la liberté absolue de se séparer. Pour lui, l'indissolubilité du mariage, proclamée par le Christianisme, doit être un non-sens, et si ses partisans avaient la majorité dans les Chambres, ils devraient, lors de la réorganisation sociale qu'ils rêvent, abolir cette vieille prétention de l'Eglise chrétienne. Cette méthode de pulvérisation, cette séparation chimique de l'humanité en individus, en grains de poussière de même valeur, en atomes matériels qu'un souffle peut disperser dans toutes les directions, est aussi fausse que son fondement et ses données. Les hommes ne sont pas exclusivement des individualités de même valeur. Schulze Delitzsch lui-même reconnaît que l'égalité absolue dans la société est un non-sens et une contradiction avec l'ordre naturel. Les hommes sont très-inégalement partagés sous le rapport des facultés intellectuelles et physiques; cette inégalité est encore augmentée par l'éducation et l'influence si variée des choses extérieures et du milieu dans lequel ils vivent. L'homme doit se nourrir et Dieu lui a donné les forces nécessaires à cette fin : c'est vrai ; mais il est faux de prétendre que tout homme puisse en réalité se nourrir et surtout qu'il y ait égalité entre tous quant aux capacités nécessaires pour y arriver. Cette inégalité dans les facultés physiques et intellectuelles, dans l'éducation, etc., se révèle avec une irrésistible évidence parmi les hommes et se modifie même avec l'âge chez l'individu pris isolément : c'est la Providence qui l'a fait se développer, de telle sorte que l'homme y trouve aide et protection. Abolir tous ces moyens de protection, renvoyer l'homme, avec ses inégalités naturelles ou sociales, à concourir chaque jour avec ses semblables, c'est donc un crime véritable contre l'humanité, sans préméditation, je le veux bien. Si l'organisation sociale reposait sur ces principes de liberté illimitée du commerce, d'émigration, de séjour, de mariage et de divorce, et si cette machine à compter rationalico-libérale pouvait fonctionner avec cette exactitude mathématique exclusive, il en résulterait nécessairement que les individus qui n'ont pas de valeur complète, seraient rejetés de la concurrence générale et périraient infailliblement. Cette première mesure ne peut donc, en réalité, améliorer la position des classes ouvrières. Elle aggraverait plutôt la situation que nous avons décrite plus haut et entraînerait dans tous les rapports sociaux la concurrence la plus illimitée que l'on puisse imaginer. Le salaire descendrait inévitablement aux limites extrêmes du strict nécessaire, et ce salaire ainsi réduit serait encore le partage exclusif de ceux qui jouiraient de la plénitude de leurs forces intellectuelles et physiques. Telle serait la conséquence mathématique de ce moyen purement mécanique.

Remarquons toutefois que cette première catégorie n'est que la base de l'édifice que l'on veut élever. Le deuxième groupe vient s'y rattacher, c'est-à-dire *le self-help* tant vanté et l'*éducation* du peuple que l'on fait miroiter dans le lointain. Je crains fort qu'un examen attentif ne nous montre toute l'inanité de ce moyen, de cette multiplication des pains pour me servir de l'expression du parti libéral.

Le parti libéral ne peut s'empêcher de jeter un regard oblique sur les aumônes des cléricaux et de l'Église. L'ouvrier peut devenir incapable de travailler et se voir forcé d'implorer le secours de ses semblables, c'est-à-dire de recourir à l'aumône. Le libéralisme parle aussi d'hospices pour les invalides, les malades, etc. Mais en même temps, il met tout en œuvre pour jeter le discrédit sur l'aumône et représenter au travailleur le secours que lui offre le Christianisme, comme blessant sa dignité. Il voit d'un mauvais œil notamment l'activité prodigieuse inspirée aux catholiques belges par l'amour du prochain et il ne rougit pas de montrer l'emploi plus profitable qu'on aurait pu faire des capitaux considérables que ceux-ci dépensent en charités. En particulier, il s'efforce de faire croire que les inspirations de la charité chrétienne, quoique dirigées vers un but louable, n'ont été qu'une prime à la paresse, parce qu'elles étaient faites sans discernement, la charité philanthropique et libérale au contraire se propose précisément de réagir contre les exigences de la paresse et de rendre au travail toute sa dignité. De là ces panégyriques continuels du *self-help*, de la dignité qu'il inspirerait aux classes ouvrières, dignité qui se développerait d'une manière fabuleuse si l'éducation de l'ouvrier était dirigée par les Pères du parti libéral. Toutes ces idées sont fausses et étroites à bien des points de vue et leur application entraînerait pour les classes ouvrières des conséquences désastreuses. Le principal défaut du parti libéral, c'est l'absence d'une connaissance intime du milieu dans lequel se meut l'activité de l'homme considéré comme individu. C'est la conséquence du rationalisme superficiel qui comprend mieux les mouvements d'une machine que l'activité et les besoins de l'homme. Il lui manque surtout la connaissance exacte de l'influence du Christianisme et de l'Église dont, par préjugé, il est l'adversaire. Il ne connaît ni le côté *surnaturel* du christianisme ni ses enseignements et ses moyens d'action et ne se doute même pas que celui-ci soit seul capable de lui faire atteindre *le bien* auquel tendent tous ses efforts. Aussi, malgré sa bonne volonté, il n'attirera sur les classes ouvrières que des désastres. Montrons-le.

En premier lieu, il est faux de prétendre que l'aumône chrétienne n'ait servi qu'à encourager la paresse. Dans son essence et dans l'esprit qui l'inspire, elle a pour but de venir en aide au prochain qui ne peut se suffire à lui-même. Les abus sont certes possibles; mais ils ne sont pas dans l'esprit de l'institution chrétienne. Vouloir supprimer les abus de la charité, c'est s'exposer à être d'une dureté extrême, même envers ceux qui sont dignes de secours. La déconsidération que l'on cherche à jeter sur l'aumône est plutôt le fait d'une envie secrète qui cache l'absence d'amour envers le prochain. Ce n'est ni à cet amour pour le prochain ni aux institutions charitables de l'Église qu'il faut reprocher d'avoir encouragé par l'aumône la paresse et la débauche; le développement de ces vices est bien plutôt la conséquence nécessaire de la charité légale, ennemie du Christianisme et de l'Église. N'est-ce pas elle qui se contente de faire distribuer à jours fixes, par des agents de police, des aumônes déterminées ?

En second lieu, c'est encore une folle prétention de la part du parti libéral, de se croire le créateur et le propagateur de l'idée du *self-help* et du sentiment de dignité qu'il inspire au travailleur. Toutes ses créations portent le cachet de cette présomption. Nul, depuis l'existence du monde, n'a nié la nécessité du *self-help*. Dieu l'a révélé à la conscience humaine et pour que celle-ci ne l'oubliât pas, il a imposé à l'homme la nécessité naturelle de boire et de manger pour vivre. Traduit en langage vulgaire, ce n'est ni plus ni moins que *l'obligation du travail*. D'un autre côté, Dieu a révélé il y a 6000 ans cette théorie prétendûment nouvelle, lorsqu'il dit à l'homme : « Tu gagneras ton pain à la » sueur de ton front. » Il était réservé au Christianisme de donner à cette obligation, imprimée par Dieu dans notre raison et révélée dès l'origine du monde, une nouvelle signification et sa véritable consécration. Le Christianisme seul comprend le sens véritable et la valeur moralisatrice du travail : cette connaissance manque au libéralisme philantropique. *Quiconque veut comprendre le travail et s'en servir comme d'un moyen pour relever l'ouvrier, celui-là doit demander aux enseignements de Jésus-Christ de lui en révéler la signification.* Le travail dont nous parlons ici, a trois caractères essentiels. Il est d'abord un moyen indispensable de gagner son pain; il est en second lieu une fatigue, une lourde charge dont l'homme voudrait se débarrasser; troisièmement, enfin, il est une puissance moralisatrice par excellence qui relève l'homme. Quand le parti libéral parle de la dignité que le *self-help* et, par suite, le travail ou plutôt l'activité donne à l'ouvrier, il exprime une vérité, mais il ne peut apprécier sainement ces choses qui semblent contradictoires. Le travail avec son caractère pénible d'un côté et sa force moralisatrice de l'autre est intimement lié aux mystères les plus élevés de la religion; la foi seule peut nous en donner la clef. Messieurs les libéraux ne se livrent pas par amour à ce travail manuel dont ils vantent la dignité, et la plupart des travailleurs s'efforcent d'atteindre une position qui les soustraie à l'obligation de s'y soumettre. Pour le rationalisme, les beaux discours sur la dignité du travail n'ont aucun sens. Dans l'antiquité païenne, ce travail était le partage des esclaves et je ne doute nullement que tous nos travailleurs ne retombent dans la même position, si la société était réorganisée d'après les idées libérales. Les plus belles dissertations sur le *self-help* et la dignité humaine ne parviendront pas à convaincre les travailleurs, au point de vue purement naturel, que le sort de ceux qui supportent tout le poids du travail journalier, soit digne d'envie. S'il n'y a rien en dehors de la vie de ce monde, si pour satisfaire le besoin intime de bonheur qui poursuit l'homme, il n'y a d'autres jouissances que celles d'ici-bas, l'ordre de choses qui existe aujourd'hui est une contradition insupportable pour tous ceux qui passent leur vie entière dans la privation de toute jouissance terrestre, n'ayant que le strict nécessaire pour ne pas mourir de faim, soumis qu'ils sont chaque jour à un travail pénible. C'est cependant la position de la classe la plus nombreuse de la société. Le parti libéral parlera en vain de *self-help* et de dignité du travail; en vain il procurera aux classes ouvrières quelques divertissements, il ne parviendra jamais à faire disparaître cette contradiction entre la somme de bonheur que réclament les aspirations naturelles des masses et celle que leur offre la réalité. Le libéralisme incrédule et *ses enseignements* n'empêcheront pas les classes laborieuses de comparer leur position à celle des classes que jouissent de tous les biens de la vie, de la regarder comme contraire à la nature et de croire que ce désordre a sa source dans les vices des intitutions politiques et sociales, c'est-à-dire, dans la perversité des autres hommes. Les ouvriers réclameront, et à bon droit, un progrès qui rendrait accessibles à tous les jouissances terrestres et donnerait satisfaction aux instincts secrets de tous les cœurs. Il devrait y avoir, diront-ils, des amis du peuple capables de réaliser, par des institutions sociales et politiques nouvelles, cet apaisement général de tous leurs désirs. Telle est déjà, d'ailleurs, l'opinion des masses sans qu'elles en aient conscience, tel est le motif pour lequel elles ajoutent facilement foi aux paroles du premier venu qui veut les tromper. En admettant les préceptes de l'incrédulité, la classe ouvrière est et reste une classe malheureuse et misérable, exclue de presque *toutes* les jouissances, qu'on lui dépeint comme les seules véritables, tandis qu'elle voit ses grands amis du libéralisme en regorger. Il faut être plus qu'aveugle pour ne pas prévoir les conséquences de ce spectacle que le travailleur a sans cesse sous les yeux. Dans l'antiquité païenne, il poussait l'esclave à tuer son maître, et celui-ci à user du fouet pour contraindre l'esclave à se choisir une concubine. Le résultat pratique et inévitable de tous les efforts tentés par le libéralisme en faveur de la classe ouvrière est que celle-ci embrassera à son tour les principes du matérialisme qui sont ceux du parti libéral. Le travail, comme nous l'avons déjà dit, a deux aspects qui semblent contradictoires; il a un côté pénible, douloureux dont l'homme s'écarte aussitôt qu'il le peut; tout travailleur le sent; mais le travail a aussi quelque chose qui ennoblit, qui moralise, qui récompense. La foi et la révélation nous expliquent seules ces contradictions apparentes; elles nous apprennent que le travail, tel que nous le subissons maintenant, a une union intime avec les rapports existant entre l'homme et Dieu et avec le péché; qu'il est, par conséquent, tout à la fois une peine et une expiation. La foi nous enseigne encore que le Fils de Dieu, pour effacer le péché, s'est fait homme, fils d'ouvrier et ouvrier lui-même. Le Christianisme nous dévoile ainsi : d'abord la cause du travail, ensuite les oppositions mystérieuses qu'il présente; enfin, sa force morale, sa sainteté et sa véritable valeur. Le Christianisme enfin, nous apprend à connaître des biens plus élevés que ceux de la terre; leur jouissance n'est pas limitée à la durée de la vie, le travailleur honnête pourra en jouir dans la mesure de sa fidélité à remplir ici-bas son devoir et de sa patience à supporter, par amour pour Dieu, la privation de tel ou tel bien de la terre. Il n'y a que deux classes d'ouvriers possibles : les ouvriers chrétiens et ceux qui ne le sont pas. Les premiers seuls, ont un motif suffisant pour se contenter de leur position dans la société humaine ; seuls, ils trouvent dans leur travail même, une cause de moralisation, seuls aussi ils apportent à leur travail des idées qui, malgré la privation de toute jouissance, leur donnent une satisfaction et un bonheur intime plus élevés. Toutes ces choses font défaut au travailleur incrédule, il doit maudire le sort aveugle qui l'a fait naître, lui qui dans la position intérieure où il se trouve, sent le même désir de jouissances terrestres. Toute son existence est une faim non assouvie. S'il travaille, c'est pour subvenir aux nécessités de la vie et pour réussir à passer quelques années de son existence sans travailler. Pour lui, durant le travail, nulle pensée ne vient le réjouir ni relever son courage. Ses amis ont réussi à lui enlever depuis longtemps la vue du Fils de Dieu travaillant à Nazareth. Quelle folie pour le parti libéral de s'imaginer qu'avec les mots de *self-help* et de *dignité humaine*, il rendra supportable la chaîne qui pèse si lourdement sur tant d'hommes obligés, chaque jour, de se livrer à un travail pénible et de gagner leur vie à la sueur de leurs fronts !

En troisième lieu, enfin, l'éducation que ce parti promet aux classes ouvrières comme moyen de leur venir en aide est aussi une fiction. Les associations pour l'éducation des ouvriers jouent un grand rôle à notre époque ; on s'efforce de leur donner la plus grande extension possible. Veut-on avoir une idée de l'organisation et l'extension grandioses que doivent recevoir ces créations du parti libéral? Qu'on lise le formulaire des renseignements statistiques dressé par les rapporteurs et imprimé dans le programme de la 5e session du Congrès international de statistique tenu à Berlin. Ces associations y sont mentionnées sous le titre de *Sociétés pour l'acquisition et l'extension du capital intellectuel de leurs membres*. Puis viennent un grand nombre de points sur lesquels on demande des renseignements. Sous la rubrique : « *But de l'association*, » on demande si la Société poursuit ce but (A) en donnant des leçons, (B) en tenant régulièrement des assemblées et des conférences, (C) en acquérant une bibliothèque, (D) en créant des collections d'objets d'histoire naturelle, (E) en organisant des excursions scientifiques et industrielles, (F) en payant et en garantissant les frais de voyage, (G) en publiant des revues. A ces questions, s'en rattachent d'autres sous la même rubrique; (A) la Société réunit-elle les familles? Combien de fois? les enfants sont-ils admis à ces réunions? (B) Organise-t-elle parfois des concerts? Combien de fois? La section chorale de la Société y prend-elle part? Comment et combien de fois par an? (C) La section de gymnastique fait-elle des concours? Prend-elle part à ceux organisés dans d'autres villes? Combien de fois par an? (D) La Société a-t-elle un théâtre? Organise-t-elle de temps en temps ou régulièrement des représentations dans lesquelles ses membres remplissent des rôles? (E) La Société distribue-t-elle des présents de Noël à ses membres? etc., etc.

Nous sommes entrés dans tous ces détails afin de donner à nos lecteurs une idée de l'extension que l'on veut donner à ces sociétés.

Elles embrasseront la vie tout entière de l'ouvrier, sous le rapport matériel comme sous le rapport moral, ses plaisirs eux-mêmes et sa vie de famille ; tout sera soumis au bras qui conduit et dirige les sociétés. Demandons-nous maintenant jusqu'à quel point une association ainsi organisée peut servir de moyen pour atteindre le but dont nous nous occupons ici, savoir : de procurer à l'ouvrier, en présence de la concurrence, un salaire plus élevé que celui qui lui est indispensable pour subvenir aux nécessités absolues de la vie. Pour moi, j'ai la conviction qu'il en sera de ces associations comme de la nouvelle découverte : le self-help ; elles ne tiendront pas ce qu'elles promettent. La création d'écoles d'ouvriers proprement dites, où ceux-ci pourront acquérir les connaissances techniques nécessaires à l'exercice de leur état et compléter les notions acquises à l'école primaire, est un besoin réel aujourd'hui. Les associations dont il s'agit sont appelées à rendre des services, en tant qu'elles répondent à ce besoin, mais cette sphère d'activité ne leur est pas propre. Tout ce grand étalage de prétendus moyens d'éducation ne changera en rien la situation matérielle des classes ouvrières. Sous ce point de vue on fait jouer à celles-ci un vrai métier de dupe. La plupart des travailleurs passent leur vie accablés sous le poids d'un travail pénible ; les enfants eux-mêmes sont obligés de se livrer à toutes sortes de travaux à une époque où ils fréquentent encore l'école primaire. Le travail fatigue et épuise un grand nombre d'ouvriers. Il sera loisible seulement à un petit nombre de profiter jusqu'à un certain point des moyens d'éducation qui leur sont offerts ; parmi ceux mêmes qui assisteront aux conférences, quelques rares individus seront à même de comprendre les belles choses que des orateurs savants leur débiteront. Comme dans toutes les classes de la société, il y aura parmi les ouvriers des esprits mieux doués qui en retireront peut-être quelque utilité pour l'exercice de leur profession : ils formeront l'infime minorité. Tandis que, par la force des choses, les moyens proposés auront peu d'influence sur l'amélioration réelle des classes ouvrières, nous verrons d'un autre côté le plus grand nombre prendre un vif intérêt à tout ce qui dans ces moyens excite la soif du plaisir et chatouille l'ambition. Le capital intellectuel que ces sociétés veulent augmenter, s'acquérera et s'accroîtra dans les réunions qui ont l'attrait du plaisir. Ce résultat est certain ; nous en avons la preuve sous les yeux. Mais ce n'est pas là un moyen de procurer aux ouvriers un salaire plus élevé, ce qui est cependant le but auquel visent tous les amis du peuple. Si l'on convoque à ces assemblées, à ces réjouissances, à ces concerts, à ces représentations théâtrales, à ces danses, à ces fêtes de gymnastique, les ouvriers dont le salaire est à peine suffisant pour les besoins de chaque jour, il faut d'abord leur procurer de nouvelles sources de profit sans quoi la sollicitude dont on se vante est un vain mot ; on les ruine eux et leur famille au lieu de leur venir en aide. Ces sociétés n'accroîtront pas le capital intellectuel de l'ouvrier, elles anéantiront au contraire ses ressources pécuniaires.

Une autre considération augmente encore nos doutes. L'éducation que le parti libéral veut donner au peuple, laisse de côté la religion et le Christianisme. Il ne les connait pas, et laisse même percer parfois sa haine et son mépris pour eux. La plupart des travailleurs cependant sont encore attachés à l'Eglise et au Christianisme. Les directeurs des sociétés dont nous parlons, appartiennent presque tous à ces classes de la population urbaine pour qui le Christianisme et la révélation n'existent plus depuis longtemps. Ils confondent tout: leurs idées sur les causes premières sont un vrai chaos, une suite non interrompue des contradictions les plus flagrantes, depuis le matérialisme le plus abject jusqu'à un certain déisme sentimental. Ces classes prétendent aujourd'hui se faire les précepteurs de l'ouvrier sous prétexte de lui fournir en même temps un moyen d'apaiser sa faim. En réalité elles le rendront plus malheureux! Disons-le sans détour, le danger dont ces tentatives menacent la société, est grand. Nous avons vu les leviers que l'on veut mettre en œuvre à cette fin. L'ouvrier ne reste libre que pour respirer, travailler et soigner pour sa nourriture et celle de sa famille; tout le reste est sous la direction des chefs de ces sociétés. Les conférences, les écoles, les bibliothèques, les leçons et les excursions scientifiques surtout, les théâtres, les chants, les réunions en famille et les fêtes populaires, tout sera pour eux un moyen de propagande, un moyen d'inculquer aux masses cette éducation qui les tue eux-mêmes. Le dimanche, ce jour où l'Eglise peut encore parler aux ouvriers au nom de Jésus-Christ, on le lui enlève; on l'exploite au profit de ces sociétés. Ce qui le prouve, c'est l'intérêt extraordinaire que prend aujourd'hui un certain parti à chaque violation du dimanche. Étrange spectacle! ces architectes, pour réformer l'ouvrier, élèvent vis-à-vis de l'Eglise de Jésus-Christ un temple au matérialisme! De là ces sociétés, établies prétendûment pour améliorer les salaires, se révèlent tout à coup sous un aspect qui nous étonne : nous voyons percer semble-t-il l'intention, non pas de prendre soin du bien-être matériel des classes ouvrières, mais plutôt de les exploiter dans l'intérêt du parti et de les faire servir d'instrument à sa haine aveugle contre le Christianisme.

Résumons ce que nous venons de dire sur ces sociétés. Voici quelle est leur valeur comme moyen de venir en aide aux maux dont souffre l'ouvrier. Elles produiront quelque bien par l'établissement d'écoles pour les ouvriers, elles provoqueront chez quelques-uns mieux doués le désir d'augmenter les connaissances nécessaires à l'exercice de leur profession. Elles exciteront la soif du plaisir et la vanité, elles arracheront du cœur de l'ouvrier ses croyances religieuses pour y implanter les désolantes doctrines de l'incrédulité; elles développeront ainsi l'athéisme et la débauche et réveilleront dans son cœur toutes les mauvaises passions qui lui rendront sa pauvreté insupportable, en lui enlevant en même temps toute pensée consolatrice au milieu d'un labeur pénible. Il est déjà difficile à tout homme de se contenter du strict nécessaire en nourriture, vêtement et logement; le parti libéral façonnera tellement les classes ouvrières que cette situation deviendra pour elles intolérable. Le riche incrédule trouve du moins dans les biens terrestres un semblant de bonheur qui l'aide de temps à autre à remplir le vide immense de son cœur. Enlever à l'ouvrier qui a les mains vides et doit se livrer à un rude travail, son Dieu et Jésus-Christ, c'est le pousser au désespoir ou le conduire à la folie. Tel sera inévitablement le fruit de ces sociétés ouvrières.

Parlons maintenant de la troisième catégorie de moyens proposés par ce parti pour améliorer la situation de la classe ouvrière. Elle forme le couronnement de tout le système et nous en dévoilera la philanthropie et l'efficacité. Nous avons vu dans la première catégorie, la longue série des libertés qui doit délivrer l'activité humaine de toutes ses chaînes et lui permettre de se mouvoir facilement. La seconde catégorie nous a fait connaître les grandes forces au moyen desquelles l'individu ainsi affranchi, parviendra à son plus haut degré de développement, ce sont le *self-help* et la nouvelle éducation. La troisième catégorie enfin qui complète le tout, consiste dans ce qu'on appelle le *self-help social* et dans les associations qu'il fera naître; Schulze Delitzsch, le principal adepte de tout le système, nous a fait connaître la sphère de leur action.

Dans l'appréciation de ces moyens et de leur efficacité à atteindre le but qu'ils poursuivent, je développerai trois propositions : 1° ce qu'ils ont de vrai, n'est pas nouveau; 2° cette vérité, ils nous la présentent sous la forme la plus détestable; 3° ils ne tiennent pas ce qu'ils promettent, savoir une amélioration réelle de la situation matérielle des classes ouvrières. Examinons-les attentivement et nous serons convaincus de la vérité de nos assertions.

D'abord ces moyens ne sont pas nouveaux même dans ce qu'ils ont de vrai.

L'association de plusieurs individus pour un but commun augmente et complète la force individuelle:

cela est vrai. Il est encore incontestable que ce principe est applicable aux classes ouvrières et que par suite cette union, cette association est l'un des moyens les plus énergiques, qui puissent être mis en œuvre pour opposer une digue aux malheurs qui les menacent et améliorer leur position matérielle. De même qu'il n'est jamais venu à l'idée de personne de nier l'obligation de travailler, de même on ne peut nier que l'association ne soit un moyen d'augmenter les forces individuelles. L'idée d'association est aussi ancienne que le monde et il faut inventer des mots nouveaux tels que le *self-help social* pour représenter aux malheureux ces vieilleries comme des inventions de la philanthropie la plus admirable et la plus nouvelle. Les hommes ont compris cette idée lorsque les premiers pasteurs se réunirent en peuplades pour poursuivre en commun le même but, ou lorsque les premières communautés agricoles se constituèrent et posèrent les bases de la société. Bien plus la première famille fut aussi la première association basée sur le *self-help social*. On ne devrait pas s'efforcer de nous prouver à nous allemands que l'idée de l'association est née dans le cerveau d'un philanthrope moderne. Tous les produits de l'esprit germanique, dans n'importe quelle sphère, sont nés de l'association. Les corps de métiers furent l'une des formes sous lesquelles se manifesta cette vie commune. Nos artisans, inspirés par l'esprit national, développèrent de cette façon le *self-help social* pour nous servir de l'expression moderne. Famille, commune, état, paroisses, corps de métiers, jurandes, etc., reposent tous sur *une seule et même idée*, savoir que l'association est une loi naturelle de l'humanité, si elle veut atteindre le but que lui a marqué la Providence.

Remarquons en passant que le parti libéral se contredit quand il se pose en protecteur de l'association. Le *self-help tel qu'il l'entend*, est en opposition avec l'association. Le *self-help social* ne vient pas en aide au *moi* si fier, si indépendant, il constitue plutôt l'humble aveu que l'individu ne peut se suffire à lui-même. Le mot *self-help social* est exact en tant qu'il désigne l'assistance que se prêtent mutuellement les associés ; mais les principes du libéralisme sont en opposition avec cette idée. Rappelons-nous la première catégorie de ses propositions. Elles avaient pour but de placer l'homme isolé dans une position telle qu'il pût se suffire par ses propres forces. Un autre ne peut lui venir en aide : il blesserait sa dignité. Sa fierté naturelle, base de sa dignité, consiste précisément à se suffire à lui-même. C'est ce qui donne naissance à l'idée la plus élevée de la concurrence. Tous les hommes, forcés de s'appuyer partout sur leur propre individualité, concourent avec la plénitude de leurs forces intellectuelles et physiques. Voilà dans ce système le *self-help* pur, la vraie dignité humaine. Si l'homme, ainsi libéré de toute entrave, s'adresse à d'autres pour réclamer leur secours, il reconnaît par là qu'il ne peut se suffire à lui-même et qu'il a en conséquence besoin de l'aide de ses semblables. Le *self-help social* est donc l'assistance mutuelle des associés et par suite le contre-pied du moi, de l'individu, de la position que toutes ces libertés devaient, disait-on, créer à l'ouvrier isolé.

Mais cette idée d'association n'est pas seulement en

opposition avec l'ensemble du système et empruntée à une doctrine que l'on voudrait anéantir: la nature réclame ses droits, et force le parti libéral à bien d'autres contradictions. Elle rétablit nécessairement des bornes à la liberté du commerce et des professions. En effet, la nécessité des associations ne peut se justifier que si leurs membres y trouvent une protection contre telle ou telle situation qu'amènerait le *self-help* individuel. Ces associations modifient donc en réalité la concurrence universelle. Une association pour l'achat de matières premières par exemple doit protéger ses membres soit contre l'effet de la concurrence, soit contre les capitalistes et l'aider à se créer une position meilleure que celle des autres travailleurs réduits à leurs propres forces. Toutes ces nouvelles associations sont en quelque sorte autant de restrictions douanières et industrielles au moyen desquelles on s'efforce d'atténuer les effets de la concurrence universelle. Si le parti libéral voulait être conséquent, il devrait interdire les associations au lieu de se faire gloire d'en provoquer la création. Elles blessent évidemment les idées de l'économie politique moderne, elles ressuscitent les abus du moyen-âge, elles sont ultramontaines. Mais la nature est plus forte que toutes ces théories creuses.

En réalité l'humanité tout entière est une vaste association dans laquelle les hommes s'entr'aident. Tout homme est forcé de reconnaître que du berceau à son lit de mort, le *self-help* et son orgueil ne lui apporteraient guère de secours. L'aumône que le riche fait au pauvre, bien comprise, appartient tout aussi bien au *self-help social* que tout autre fait d'assistance réciproque et de charité destiné à combler les inégalités naturelles.

Ce qu'il a de vrai dans ce système, à savoir, l'idée d'association n'est donc pas nouveau; il est au contraire en opposition formelle avec l'essence même des théories libérales.

Je dis en second lieu : *que cette vérité nous est présentée sous la forme la plus détestable.*

L'idée d'association, cette force merveilleuse qui unit les hommes comme la matière, dont l'action se fait sentir partout dans la nature, dans le règne végétal, dans le règne animal, chez l'homme et qui trouve sa base première dans l'intelligence, la puissance et l'amour éternels de Dieu, cette idée, dis-je, se manifeste ici-bas sous deux formes : sous forme mécanique, agissant extérieurement sur les choses qu'elle saisit et réunit. Le principe moderne d'association soumettrait volontiers l'homme à la forme mécanique, Dieu au contraire à uni les hommes organiquement et toutes les associations créées jusqu'à présent ont eu pour base cette union organique.

La famille est l'une de ces associations organiques: la faculté illimitée de se marier et de divorcer en amènera la dissolution. Il en est de même de la commune; elle se compose de forces morales et intellectuelles qui assurent l'union de ses membres : elle périra si l'on adopte le principe de la liberté de changer de domicile et d'acquérir le droit de cité. Les États et les peuples sont aussi des associations morales, dans lesquels des forces morales innombrables, la patrie, le foyer, l'histoire, le bonheur et le malheur établissent entre les hommes une union intime. Il va de soi que ces frontières ne peuvent plus exister que transitoirement : elles sont en contradiction avec le système libéral. Quiconque examinera la première catégorie des mesures proposées, demeurera convaincu que le parti qui les appuie, doit faire un pas de plus ; il doit tendre à l'anéantissement du lien national et réclamer un cosmopolitisme universel, de sorte que dans chaque commune allemande, l'étranger jouirait des mêmes droits qu'un indigène. Les corps de métiers, les jurandes constituaient aussi, au plus haut point, des associations de même genre. L'intérêt matériel, tel que le *self-help social* peut le mettre en jeu, uni à de nombreuses forces morales et intellectuelles en faisaient un organisme vivant: elles se sont dissoutes presque partout. Le parti libéral tend en général à amener la dissolution de tout ce qui fait de l'homme un tout organique, de ce qui le fait vivre, penser, de tout ce qui le rend moral et humain; le but de leurs efforts atteint, ces nouveaux sauveurs du monde reconstitueraient le tout et l'uniraient en associations purement matérielles. Nous aurons une idée des résultats auxquels on arriverait, si nous nous représentons le monde, après que par un procédé chimique, on aurait séparé tous les êtres organisés, plantes, arbres et animaux en parcelles infiniment petites et qu'on voulût les unir de nouveau au moyen de forces mécaniques. Voilà en réalité l'opération à laquelle le parti libéral veut soumettre l'humanité et qu'il nous convie à admirer comme le sublime de la sagesse et du bonheur.

En troisième lieu : les associations rêvées par le parti libéral sont totalement incapables de réaliser ce qu'elles promettent.

Le problème est de venir en aide aux classes ouvrières réduites par les expériences du parti libéral à vivre d'un salaire procurant tout au plus le strict nécessaire, que l'ouvrier doit mendier chaque jour sur la place et qui est soumis à toutes les vicissitudes de l'offre et de la demande. Que les associations proposées comme remède par le parti libéral soient totalement incapables d'atteindre le but, c'est ce qui a été démontré à la dernière évidence il y a peu de temps. Les assertions de Lassalle à ce sujet, n'ont pas été refutées et elles sont irréfutables. Les associations de crédit ne peuvent venir en aide qu'aux ouvriers qui sont eux-mêmes à la tête d'une industrie; pour la plupart de ceux qui vivent à proprement parler de leur salaire, elles sont sans valeur. Elles auront beaucoup d'utilité pour le petit industriel, mais jamais elles ne parviendront à lui procurer un degré de bien-être plus élevé ni à le rendre capable de soutenir la concurrence avec le capital et les grands industriels. Il en est de même des associations pour l'achat des matières premières. Elles n'offrent également aucune utilité pour l'ouvrier salarié qui ne fournit pas la matière première. Le petit industriel n'en retirera guère d'avantage à la longue. Plus ces associations s'étendront, plus elles exerceront d'influence sur le prix du marché : par suite l'avantage général diminuera. Le consommateur seul en profitera et l'ouvrier en tant qu'il sera consommateur. En outre la charge qu'entraîne après elle la direction des affaires de toute association, leur rendra très-difficile, quant au bas prix des achats, la concurrence avec le capital réuni dans une seule main. Si elles y réussissaient même, le petit industriel, pour travailler ces matières premières achetées à prix égal, se trouverait réduit à les travailler de ses propres mains en concurrence avec les puissantes machines de la grande industrie. Or, parler de concurrence possible dans une telle situation, c'est tromper ceux à qui l'on s'adresse. Les associations dites de consommation font sentir à tous leurs effets salutaires; l'ouvrier salarié, le journalier, l'ouvrier de fabrique veut s'y intéresser. Elles se procurent les objets de première nécessité en grandes quantités; elles les obtiennent par suite à un prix inférieur, de meilleure qualité que celles qui sont débitées chez les détaillants et fournissent à leurs membres des marchandises meilleures et moins coûteuses : sous ce rapport, elles sont bienfaisantes. Mais abstraction faite de cette circonstance que les associations soulagent la misère du travailleur, sans la faire disparaître, l'avantage qu'elles procurent n'est que momentané. Nous voyons apparaître le même phénomène que pour les associations précédentes. Plus ces associations prendront de l'extension, plus les travailleurs pauvres diminueront leur salaire, lorsque l'offre de travail sera inférieure à la demande, puisque l'association leur fournira à plus bas prix les choses nécessaires à leur entretien. La situation des masses restera donc identiquement la même. D'un autre côté, plus d'une petite industrie sera ruinée, le nombre des travailleurs augmentera et avec lui l'offre des bras.

Nous avons ainsi passé en revue à peu près toutes les associations que le parti libéral a proposées comme remèdes. Les autres ne sont qu'un retour aux anciens errements, objets de ses sarcasmes, un renouvellement de l'aumône pour venir en aide à l'ouvrier infirme ou invalide.

Ces considérations m'autorisent à appliquer à toutes

ces créations du parti libéral et à leur sollicitude pour la classe ouvrière ce mot très-connu du fabuliste français : « La montagne en travail enfante une souris. » Je ne veux pas mettre en doute la bonne volonté de ces Messieurs; je ne nierai pas que dans l'état actuel des choses et alors que les classes ouvrières ont été précipitées dans leur situation actuelle, les associations ne puissent produire des effets salutaires. Mais je soutiens que les conséquences désastreuses des principes qui poussent le parti libéral à agir, ne compenseront jamais l'utilité que les classes ouvrières retireront de sa sollicitude. Cette tentative de traiter l'humanité d'après le point de vue rationaliste des quatre espèces, d'après lequel toute religion, toute politique, toute sagesse, toute humanité se réduirait en dernière analyse à une addition, soustraction, multiplication et division de l'homme réduit à la condition d'atome, cette tentative, dis-je, est un crime contre la nature humaine et l'ordre établi par Dieu; elle ne peut qu'échouer et aggraver le mal. Je soutiens donc que toutes les mesures proposées par le parti libéral loin de procurer aux ouvriers bonheur et prospérité, menace de les précipiter dans un abîme de misère encore plus profond.

Comme dernière preuve, citons la critique que Schulze Delitzsch fait lui-même de l'utilité réelle de ses projets dans son Catéchisme de l'ouvrier allemand. A la page 74, il nous fait connaître les plaintes d'un grand nombre d'ouvriers. La première roule sur l'insuffisance des salaires, la seconde sur leur incertitude, qui est telle que celui qui touche un salaire élevé, est exposé à un revirement subit et ne peut même compter avec certitude sur l'avenir. Il cite comme exemple p. 75 la crise commerciale et la ruine du crédit occasionnées en Angleterre par la guerre d'Amérique, et la détresse affreuse qui s'ensuivit pour les districts cotonniers. De nombreux ouvriers se trouvèrent alors sans pain. Le fait est avéré et en prêtant l'oreille aux plaintes qui sont parvenues jusqu'à nous, nous ne pouvons penser sans effroi à ce que deviendrait la classe ouvrière non-seulement en Angleterre, mais encore en beaucoup d'autres pays, si une guerre générale venait à éclater. Après ces observations, l'auteur passe à la page 76 aux moyens de remédier à cet état de choses et il propose ses associations ouvrières comme le meilleur et le plus pratique. L'exposé de son système terminé, il revient sur l'Angleterre et affirme que là ces associations ont atteint leur plus haut degré de développement. Ce fait est pour nous la réfutation la plus écrasante de tout le système. Comment! d'après Schulze Delitzsch, les associations dont il propose l'établissement sont le moyen sûr, infaillible de venir en aide aux classes ouvrières; ces associations sont florissantes en Angleterre et cependant il a suffi d'une guerre lointaine, dans un pays d'outre-mer, pour jeter sur le pavé sans abri et sans pain une foule d'ouvriers! Mais alors la situation des classes ouvrières est lamentable, et nous devrions verser des larmes amères nous tous qui les aimions. S'il en est ainsi, tous ces beaux parleurs du parti libéral qui se donnent comme les sauveurs de l'ouvrier, devraient rougir et garder le silence. Ils n'ont que trop de motifs de s'humilier et de parler avec modestie de la valeur de leurs efforts; sinon ils courent grand risque de s'attirer le reproche de tromper l'ouvrier par un motif de vaine jactance et de lui causer un préjudice incalculable.

CHAPITRE VI.

PROPOSITIONS DU PARTI RADICAL.

Notre opinion peut se résumer dans les termes suivants : Lassalle a raison contre Schulze Delitzsch et réciproquement. Tous deux ont raison dans les critiques qu'ils font de leur système respectif; ils se trompent tous deux sur l'efficacité des moyens qu'ils proposent pour venir en aide aux classes ouvrières. Ils ont tous deux raison dans leurs négations et tort dans leurs affirmations. C'est là du reste le caractère général de l'esprit du siècle : il ne sait que critiquer, dévoiler les défectuosités, abattre, il est impuissant pour créer, édifier, façonner, car il lui manque d'être en communion intime avec la vérité et la vie. Il ne nous sera guère malaisé de montrer ce que ces propositions renferment d'erroné et d'insuffisant.

Ce parti, dont Lassalle est le principal représentant, a le mérite incontestable d'avoir dépeint, en termes aussi énergiques que vrais, la situation des classes ouvrières réduites au strict nécessaire : nous l'avons aussi décrite dans les chapitres précédents. Aussi pose-t-il avec raison comme axiome que, pour secourir efficacement et véritablement les classes ouvrières, il faut trouver les moyens de leur procurer une nouvelle source de gain plus abondante que celle du misérable salaire. C'est là, suivant les adeptes de ce parti, la pierre de touche pour apprécier la valeur des solutions proposées. Ils ne contestent pas que le parti libéral n'ait réussi à procurer aux ouvriers quelque soulagement; mais d'un autre côté ils ont prouvé sans réplique que les efforts de ce parti étaient impuissants pour les préserver de la ruine où les pousse la concurrence générale, notamment avec le capital, et qu'ils ne pouvaient leur procurer un peu d'aisance d'une manière générale et durable. Ils veulent par suite proposer des moyens plus efficaces d'atteindre le but. Leur système est très-simple. Nous allons l'exposer, puis nous examinerons s'il est admissible et s'il remplit ses promesses.

Dans toute grande industrie, le bénéfice total se décompose en trois parties. Il renferme d'abord le salaire des ouvriers, représentant ce qui leur est nécessaire pour subvenir à leur entretien, puis les intérêts du capital engagé dans l'entreprise, enfin le bénéfice proprement dit, c'est-à-dire, le restant du produit de la vente, après le paiement du salaire des ouvriers, des intérêts du capital et des autres frais d'exploitation. Ce bénéfice net reste au capital, les ouvriers n'en recueillent aucune part.

Ce partage des bénéfices n'est conforme ni à l'équité naturelle ni à la nature des choses. L'ouvrier emploie ses forces, sa vie et use son bien le plus précieux ici-bas, sa santé; chaque jour, il donne une partie de son existence. Le capitaliste au contraire n'applique au travail qu'un objet matériel, une somme d'argent. Il ne paraît pas juste que le bénéfice net aille exclusivement à cet objet inerte, et qu'une parcelle n'en échoie pas à la vie. Sans doute le capital et le travail manuel ne sont pas les deux facteurs uniques qui déterminent le prix de la marchandise. Il faut tenir compte aussi de l'intelligence et de l'activité déployée dans la direction de l'entreprise, de la peine que l'on doit se donner pour vendre. Tous ces agents réunis forment le prix de la marchandise. Le partage conformément à la stricte équité naturelle est donc impossible, puisque la tenue de livres en matière commerciale ne comprend pas ces agents et que d'ailleurs leur véritable valeur ne peut être taxée en chiffres. Il n'en reste pas moins vrai que le partage des bénéfices, tel qu'il est pratiqué aujourd'hui, blesse jusqu'à un certain point notre sentiment de justice. Si donc on trouvait un moyen équitable de faire participer le travailleur aux bénéfices de manière que ses ressources pour vivre seraient basées d'abord sur le salaire qui lui donnerait le nécessaire, puis sur cette part de bénéfices qui lui permettrait de se procurer un peu de bien-être, le partage deviendrait plus juste et la situation des travailleurs serait notablement améliorée.

Voici comment on pourrait y parvenir. Actuellement l'ouvrier n'est qu'un simple journalier. Le petit fabricant et le petit commerçant se trouvent dans la même position relativement à la grande industrie et aux capitaux puissants dont elle dispose. Il faudrait faire de l'ouvrier qui doit rester ouvrier, un intéressé dans l'entreprise, par exemple faire de l'ouvrier de fabrique le copropriétaire de la fabrique dans laquelle il travaille. Mais comme la participation à une entreprise ne peut être acquise que par le capital, la difficulté consiste précisément à procurer à l'ouvrier qui n'a rien ce capital et par suite sa part de propriété. Nous avons prouvé que la libre concurrence, fruit de la liberté de commerce et des professions, de la liberté de changer de domicile, etc., était une vaine utopie : elle permettrait dit-on, à toutes les forces de se développer d'après leurs lois naturelles et rationnelles et elles participeraient selon leur droit à tous les produits. Mais les hommes isolés ne concourent pas entre eux avec des forces égales : au contraire ces forces leur sont très-inégalement octroyées; d'un autre côté ils ne sont pas tous dans la même position; les uns en effet en sont réduits à leurs forces naturelles, tandis que les autres ont à leur disposition le capital et les machines. Comment l'ouvrier pourra-t-il dès lors acquérir le capital nécessaire pour s'intéresser dans l'entreprise et prendre part aux bénéfices?

En France et en Angleterre, quelques ouvriers ont résolu le problème. Ils sont tout à la fois ouvriers et maîtres. Des circonstances favorables, des capacités exceptionnelles leur ont facilité la voie. Les résultats produits par ces associations sont très-importants. On les appelle associations de production : leur caractère essentiel consiste en ce que les ouvriers sont en même temps propriétaires de l'entreprise soit en tout soit en partie : ils participent donc aussi aux bénéfices. Ces associations nous inspirent sans doute beaucoup d'intérêt; au point de vue des masses et comme ne devant se composer que d'ouvriers réduits à leurs seules ressources, elles nous offrent le même spectacle que présente à ses anciens confrères le négociant favorisé de la fortune qui de fripier est devenu millionnaire. Si l'on tient compte du nombre total des ouvriers qui vivent en Angleterre, ces associations n'y ont pas pris un grand développement; des économistes anglais soutiennent même qu'elles ne peuvent se généraliser. Les associations de production réduites à leurs propres forces seront donc impuissantes à soulager complètement la misère des classes ouvrières en général.

Cette situation clairement établie, le parti radical donne à son tour ses solutions. Pour procurer à l'ouvrier le capital nécessaire et lui donner la possibilité de devenir copropriétaire, l'État doit lui venir en aide et lui prêter ou lui donner ce qui lui manque. On ne peut attendre des chambres législatives telles qu'elles sont constituées, l'autorisation nécessaire à cette fin ; leurs membres appartiennent tous aux classes qui possèdent et il serait absurde d'espérer qu'elles imposeront cette nouvelle charge à leurs caisses. Les classes ouvrières doivent donc avant tout s'efforcer de faire admettre le système du suffrage universel. Lorsque le peuple choisira directement dans son sein ceux qui sont appelés à faire les lois dans les assemblées nationales, il sera facile à la majorité de faire admettre que l'État avance aux classes ouvrières les capitaux nécessaires pour exploiter elles-mêmes une industrie quelconque. C'est ainsi qu'on parviendra à secourir les classes ouvrières d'une façon sérieuse. Au moyen des capitaux avancés par l'État, l'ouvrier sera tout à la fois ouvrier et copropriétaire de l'entreprise. Les immenses bénéfices qui procurent aujourd'hui aux grands capitalistes et aux grands commerçants toutes les jouissances de la vie, iront à l'ouvrier pauvre. Le moyen semble ainsi trouvé de procurer à l'ouvrier toutes les jouissances d'ici-bas et de lui permettre de travailler sans ressentir les charges du travail.

Que faut-il penser de cette solution? Est-elle absolument exacte? Peut-elle être mise en pratique? Offre-t-elle un point exact? Examinons ces trois questions.

Et d'abord que faut-il penser de la légitimité de ces mesures? L'Etat a-t-il le droit de faire un tel usage de ses ressources? Une assemblée délibérante, surtout si elle est composée en grande partie de membres ne possédant rien, peut-elle frapper la propriété d'un semblable impôt par une simple décision de la majorité? Ce projet n'empiète-t-il pas sur le domaine naturel du droit de propriété?

Avant de décider ces graves questions, nous devons rechercher la nature de la propriété. Un grand nombre de personnes considère la propriété comme si bien établie par elle-même que le simple examen de sa légitimité les impressionne désagréablement; aussi évitent-elles de s'occuper de cette question. C'est là une illusion dangereuse. Il fut un temps où la plupart des hommes considéraient l'autorité comme une chose si naturelle, qu'ils n'avaient jamais cherché à se rendre compte des bases de sa légitimité; dépositaires de l'autorité, ils en usaient et en abusaient comme d'un bien incontestable et d'un droit naturel et sans en avoir conscience. Leurs doctrines pernicieuses portèrent aux véritables fondements de l'autorité des coups plus terribles que ceux de ses plus mortels ennemis. *Il n'y a d'absolument inébranlable que Dieu et sa sainte volonté : tout le reste est hypothétique dans son existence et sa légitimité.* Il en est ainsi de l'autorité et de la propriété. Celle-ci n'a aussi qu'une légitimité hypothétique et cette hypothèse n'a d'autre base que Dieu et la religion. La propriété et l'autorité ont toutes deux leurs racines, racines profondes et inébranlables, dans la religion, dans la croyance vive en Dieu, dans le Christianisme qui nous enseigne la vraie notion de

Dieu. Coupez ces racines et elles sont comme un arbre à qui on aurait fait subir la même opération; il conserve la même apparence extérieure, mais il a perdu sa solidité, il tombera au premier coup de vent. Nous avons déjà eu dans l'autorité, un exemple de cette impuissance inhérente à l'abandon des vrais principes fondés sur Dieu. La propriété subira peut-être le même sort. Si les principes des sociétés modernes qui font abstraction de toute religion et considèrent la négation de Dieu comme une conséquence de la culture intellectuelle, sont vrais, toute décision des majorités dans les chambres constitue un droit et il n'est plus question d'empiètements *illégitimes* sur le droit de propriété. Etablissons la vérité de cette assertion. La propriété privée a son fondement dans l'ordre naturel et dans les principes éternels et immuables qui le gouvernent. La nature est nécessaire à l'homme pour subsister; il ne peut se l'approprier, se servir de ses forces ni de ses productions de manière à satisfaire ses besoins innés, qu'en reconnaissant la propriété privée. Si l'ordre et la paix doivent exister entre les hommes pour leur permettre de jouir des biens de la terre, ordre et paix sont la première condition de toute vie chez les peuples; la propriété privée, il faut bien le reconnaître, est une loi tout aussi naturelle que la respiration. Nier cet axiome, ce serait amener une guerre immédiate entre les hommes et anéantir tout progrès dans la vie des individus et des nations. La maxime: la propriété c'est le vol, est donc la négation de l'une des lois naturelles les plus essentielles. Quelle que soit l'importance de ce principe, il ne suffit pas encore pour donner au droit de propriété toute la fixité nécessaire. Si la propriété en elle-même, c'est-à-dire l'attribution d'une valeur à chaque homme de manière que le possesseur puisse en disposer librement à l'exclusion de tout autre, est une loi inhérente à l'ordre naturel, que tout homme sensé doit reconnaître; cependant considérée dans un sens restreint, appliquée aux rapports d'un peuple particulier, elle n'est pas un produit direct et immédiat de la nature, mais elle est le résultat de l'activité humaine. Nos lois civiles qui règlent la loi naturelle de la propriété, ne dérivent pas de la nature, mais sont une création de l'homme, du pouvoir législatif de chaque peuple. La forme sous laquelle se manifeste ce pouvoir législatif est d'une variété infinie. Dans les Etats modernes soumis au régime constitutionnel, ils se compose de trois branches. Nous trouvons la même variété dans les motifs qui ont présidé aux diverses phases de la vie de chaque peuple, à l'organisation du droit de propriété et dans les principes qui ont guidé les législateurs dans la rédaction des dispositions qui devaient le régir. C'est d'abord l'histoire qui agit avec ses diverses influences sur les idées de l'homme. Chaque race veut ensuite partir de principes rationnels; mais dans la conception de ces principes, elle subit l'influence de points de vue généraux qui la font vivre et la poussent sans qu'elle en ait conscience de la même manière que l'on respire sans le savoir. Enfin cette organisation du droit de propriété subit l'influence du caractère national qui apporte aussi ses modifications à l'idée du droit dans chaque race.

Enfin la plus large part d'influence revient à la religion et à ses principes. Cette influence s'est fait sentir tant dans la législation et la stabilité de la propriété que dans la manière de concevoir la loi naturelle et son fondement en général. La révélation naturelle dans le judaïsme complétée par le Christianisme a éclairé d'un jour nouveau ces rapports de l'ordre naturel. Tout le monde sait combien notre esprit borné a besoin de cette confirmation surnaturelle des fondements naturels de l'existence humaine. Sans elle, il arrive à douter de de tout, même des lois les plus évidentes de l'ordre naturel. Il douterait même de lui-même, de l'existence de la raison qui le fait penser, et de l'existence de Dieu qui donne la vie à chacune de ses pensées. Que ne peut-on attendre d'un esprit si borné qu'il peut nier le fondement et le moyen de sa pensée? Le commandement de Dieu révélé par lui : *Tu ne voleras pas*, a donné à la loi naturelle de la propriété une immense stabilité, en a fait une obligation de conscience qui la protège mieux que tous les tribunaux criminels du monde. D'un autre côté la révélation surnaturelle a aussi exercé la plus grande influence sur le développement du droit de propriété, par sa notion de la Providence et par sa loi de l'amour du prochain. Elle nous enseigne que la Providence tient dans ses mains le sort de l'homme; ce n'est donc pas l'effet du hasard, mais par un décret de la sagesse divine que tel homme naît fils d'un pauvre journalier et tel autre fils d'un riche particulier. Elle nous ordonne d'aimer notre prochain, anéantissant ainsi la dureté du droit de propriété et faisant, dans un autre sens, du propriétaire avare le débiteur de son frère malheureux. Mais la religion exerce encore d'une autre façon son influence sur le droit de propriété. Celui-ci est fondé, comme nous l'avons dit, sur une loi de l'ordre naturel qui est par essence indépendant de la volonté humaine et ne laisse à l'homme que la faculté ou de le reconnaître ou de le rejeter en se condamnant lui-même à périr. Au contraire le droit qui organise cette loi naturelle chez chaque peuple, dérive de l'homme, est proclamé par lui, peu importe que cet organe de la loi soit un prince seul, ou un prince d'accord avec les états ou le peuple dans ses assemblées. *Tout repose dès lors sur la manière dont les législateurs comprendront leur mission, quant à sa légitimité et à son fondement.* Les maximes : « la loi c'est la volonté du roi ; » « la loi c'est la volonté du roi et du peuple ; » la loi c'est la volonté de la nation n'ont pas un sens simple, clair, et ne touchent pas le fond des choses. Elles renferment plutôt un double sens de la plus haute importance. Beaucoup de personnes pensent en disant que « la loi est l'expression de la volonté du roi » avoir exprimé l'antithèse et l'opposé de cette autre maxime : la loi est l'expression de la volonté de la nation. C'est complètement inexact. Il est parfaitement indifférent que la loi soit l'expression de la volonté du prince ou de la nation ; ce qui est fondamental, c'est la question de savoir si la loi est l'expression de la volonté divine ou de la volonté de l'homme. En d'autres termes, pour parler plus clairement, il s'agit de savoir si les hommes qui exercent le pouvoir législatif et sont appelés à rédiger les lois d'un pays, peuvent agir exclusivement d'après leur volonté et d'après celles de leurs commettants ou s'ils doivent, dans leurs fonctions, se laisser guider par la pensée que leur mission et leur devoir unique sont de formuler une volonté basée sur l'ordre éternel établi de Dieu.

Ici les hommes de notre époque se séparent en deux camps à raison de la divergence des idées religieuses. Sous une bannière se rangent ceux qui croient en un seul Dieu, source de toutes choses, à la révélation surtout à Jésus-Christ, à cette vérité enfin qui nous fait connaître clairement la nature des choses. Pour ceux-là, Dieu, sa sainte volonté sont la source la plus élevée, la règle et la sanction de la loi. Autour de l'autre bannière se groupent ceux qui nient le Dieu personnel, qui ne reconnaissent pas la connexion entre les lois humaines et cette *lex æterna* émanation de l'intelligence divine, qui nient et la révélation surnaturelle et Jésus-Christ; pour eux la source, la règle et la sanction de la loi dérivent de l'accord des volontés humaines. Comme celui-ci n'existe pas et qu'ils ne peuvent le comprendre, ils ont recours à une fiction et considèrent comme les interprètes de cette volonté générale tantôt le roi, tantôt la majorité des représentants ou de la nation, tantôt ces deux choses réunies. Ces considérations étaient nécessaires avant d'aborder l'examen de la justice du moyen proposé par le parti radical.

S'il n'y a pas de Dieu personnel ou plutôt si son existence est encore un problème scientifique; si c'est à bon droit que, dans tous les États européens, les gouvernements laissent discuter cette question du haut des chaires de leurs universités et enseigner le doute à toute notre jeunesse, si le matérialisme et le panthéisme se justifient; si tous ceux qui professent le culte de la libre pensée, si le parti libéral a raison, le droit de propriété, les lois qui le régissent, sont exclusivement de droit positif. Je ne vois pas dès lors quel scrupule plausible pourrait soulever la résolution prise par une majorité composée de ceux qui n'ont rien, décrétant que ceux qui possèdent doivent leur prêter une partie de leur avoir. Bien plus, il arrivera nécessairement que cette majorité ira plus loin; elle réclamera en pleine propriété ce qu'elle demande aujourd'hui à titre de prêt. Il n'est pas même nécessaire à cette fin de contester au droit de propriété sa qualité de droit naturel; on se bornera à l'interpréter dans le sens voulu. C'est une question de majorité. La majorité décidera aussi notamment du droit d'hérédité; elle recherchera si le droit naturel entraîne la reconnaissance des droits de transmettre sa propriété par succession et jusqu'où s'étend cette consécration. Les décisions de la majorité sont les seules bases fondamentales de ce qu'on appelle l'État moderne. Comment croire qu'on évitera les conséquences de ce principe appliqué à une révision du droit de propriété? Le parti qui domine à la tribune et dans la presse, se plaît à proclamer sans cesse ce principe, base de l'État moderne, qu'il n'y a d'autre droit que celui décrété par la majorité dans les chambres; que les lois anciennes et les contrats antérieurs, que surtout les droits de l'Église chrétienne ne doivent pas être pris en considération. Il considère même la participation du pouvoir royal et d'une chambre supérieure comme une antique absurdité qui doit disparaître le plus tôt possible par l'effet du progrès. Et disons-le, on doit être de cet avis si les précepteurs donnés à la nation allemande par ses princes et ses rois ont raison. La conséquence fatale de ce système est qu'il ne faut qu'une chambre; que ce qu'elle décide est la loi et que celui-là est coupable de haute trahison qui en appelle à sa conscience, à sa foi, aux coutumes, à Jésus-Christ et à son Dieu; il insulte à la majesté de la volonté nationale. Qu'on me dise donc pourquoi cette majesté devrait s'incliner devant le coffre-fort des libéraux opulents? Elle a le droit de fouler aux pieds notre conscience, d'outrager nos croyances, de nier Dieu et Jésus-Christ. N'est-il pas dès lors souverainement ridicule de soutenir qu'elle doit s'arrêter comme par enchantement devant l'or des millionnaires? Non! mille fois non! Dieu y pourvoira. Il n'en sera jamais ainsi. Vous avez offert aux peuples la coupe empoisonnée de vos principes; vous l'épuiserez jusqu'à la lie quelque amère qu'elle soit. Si ces majorités libérales appuyées sur la souveraineté de la nation ont pu anéantir la position séculaire de l'Église, applaudir à sa chute; si elles peuvent violer nos consciences chrétiennes dans ce qu'elles ont de plus intime, d'autres majorités viendront à leur tour et sur le même sol, s'appuyant sur le même principe, elles réclameront non-seulement des millions comme subside pour les associations ouvrières, mais bien d'autres choses encore.

Au point de vue du parti libéral et des principes enseignés du haut de la plupart des chaires dans les Universités de l'Etat, la légitimité des moyens proposés par Lassalle ne peut être mise un seul instant en doute. Ce n'est que la première lueur d'un immense incendie.

Il en est autrement de ceux qui croient en Dieu et en Jésus-Christ et sont par suite convaincus que les hommes ne *font* pas arbitrairement la loi, mais doivent la chercher dans le droit reposant sur l'ordre établi par Dieu et ne pas en proclamer d'autre. Pour ceux-là, la loi n'emprunte pas sa force obligatoire à la volonté de l'homme, mais à la volonté éternelle de Dieu. Ils ne demandent pas quelle a été la décision de la majorité, mais plutôt : *qu'était-elle autorisée à décider*. Nous pensons qu'une décision décrétant une semblable subvention pour venir en aide aux classes ouvrières, sortirait des limites tracées par Dieu au pouvoir législatif et empiéterait sur un domaine où l'Etat ne peut exercer aucun empire.

Prouvons ce que nous avançons. Toutefois, il est nécessaire de donner d'abord une idée des limites naturelles du droit de propriété tel que l'entend la science chrétienne. Les théologiens catholiques sont unanimes à enseigner que le droit de propriété n'a pas une extension telle qu'il puisse être invoqué même à l'égard du prochain en danger de mourir de faim (*in extrema necessitate*). Ici apparaît clairement l'influence immense que la théologie et la religion exercent sur le droit de propriété. Dans aucun cas, elles n'accordent à tout homme un droit absolu, illimité ; elles partent de l'idée de Dieu, source et règle de toutes choses ; c'est avec cette règle qu'elles les apprécient et déterminent la place qu'elles doivent occuper ; elles émanent du trône de la lumière, en poursuivent les rayons jusque dans les recoins les plus cachés où elle pénètre, en fixent la règle et les lois. A ce point de vue, Dieu est l'unique propriétaire absolu, l'homme un propriétaire restreint auquel Dieu a fixé des bornes. Dieu a soumis l'homme à la nature ; c'est elle qui pourvoit aux nécessités de la vie. En même temps, il a établi comme loi de l'ordre naturel que la domination de l'homme sur la nature ne peut s'établir que par la voie de la propriété privée ; que celle-ci seule lui permet d'en faire cet usage réglé qui conduit à une culture plus élevée. La théologie maintient sans doute le droit de propriété privée; mais elle admet aussi qu'il ne peut contredire cette loi supérieure qui met les biens naturels à la disposition de chacun; qu'en conséquence quiconque se trouve dans une extrême nécessité, est autorisé à y remédier où et comme il le peut, s'il n'a pas d'autre moyen. C'est par ce motif que le Gouvernement a le droit de contraindre les communes à prendre soin de leurs pauvres comme cela existe partout, c'est-à-dire, de contraindre les habitants à céder la partie de leurs propriétés nécessaire pour subvenir aux besoins de la vie de ceux-ci.

A part cette restriction, la théologie ne reconnaît aucune obligation légale proprement dite de venir au secours du prochain, mais bien une obligation morale, un devoir de charité chrétienne. Le propriétaire peut être contraint en justice à remplir les obligations que la loi lui impose; il peut être forcé par l'impôt à supporter sa part dans les charges communales et les dépenses de l'Etat. Mais je ne pense pas qu'il puisse être forcé, au delà de la mesure que nous venons d'indiquer, à céder une partie de sa propriété pour améliorer la situation matérielle de son semblable. Ici se dévoile la différence entre les devoirs de justice et ceux de la charité. Ceux-ci sont des obligations véritables au même titre que ceux-là. Le propriétaire qui ne fait pas l'aumône dans les cas où la nécessité de celle-ci ne peut être mise en doute, est assimilé par les théologiens au voleur, et au jour du jugement dernier, à cette heure suprême où toutes nos actions seront jugées et où la justice éternelle prononcera ses sentences, la récompense et la justice éternelle seront distribuées d'après la fidélité à remplir ce devoir de charité chrétienne : nous en avons pour gage la parole de Dieu. Sur la terre, il n'a pas délégué à l'Etat et au gouvernement l'exercice plein et entier de sa justice par la force extérieure ; il ne lui en a délégué qu'une partie, celle qui est strictement nécessaire pour faire régner parmi les hommes l'ordre et la paix. L'homme acquiert ainsi, d'un côté, une sphère dans laquelle il se meut librement et peut mériter ou démériter et, de l'autre, il rencontre une barrière sans laquelle l'abus de la liberté entraînerait un désordre, une lutte universelles. Voilà l'ordre admirable établi par Dieu entre les hommes ! Le droit de contrainte appartenant à l'Etat va jusqu'à la limite nécessaire au maintien de l'ordre et à la protection de tous. Au delà s'étend l'empire de la liberté, même pour la propriété ; mais c'est en même temps l'empire du devoir dans sa forme la plus noble et la plus sublime : l'homme, guidé par la seule pensée du devoir, par la connaissance de ses rapports avec Dieu, avec ses semblables et sa propriété, s'y dépouille volontairement d'une partie de sa fortune pour pratiquer les œuvres de la charité chrétienne. Renfermée dans le cercle étroit de la légalité, telle que les juges et les percepteurs d'impôts sont chargés de la faire observer, l'activité humaine mérite à peine ce nom. Le libre arbitre est annihilé de plus en plus sous la crainte de la répression. Cette sphère d'action est peu élevée : l'observation pure et simple des règles de la loi civile est le dernier échelon de la vie morale. Or, quiconque comprend ainsi ses devoirs, se trouve encore au degré le plus infime de l'existence. Au dessus de ce domaine de la justice humaine trône cette justice suprême qui jugera un jour l'humanité tout entière et qui nous permet ici-bas l'exercice de notre liberté et de notre libre arbitre. Elle ne nous montre derrière nos actions ni majorités des chambres, ni lois civiles, ni percepteurs d'impôts, mais la volonté de Dieu dans laquelle nous reconnaissons le bien suprême, la perfection absolue et le maître de toutes choses. Sous cet empire, l'homme n'est pas traîné devant un tribunal pour être jugé par des étrangers, il trouve son juge dans sa propre conscience, il s'oblige lui-même, en vertu des lois de Dieu et des préceptes de Jésus-Christ, à accomplir, à l'égard de son prochain malheureux, les œuvres de miséricorde chrétienne qu'il considère comme une dette sacrée et à se dépouiller pour lui d'une partie de sa propriété. Cet ordre de choses si essentiel pour la liberté et l'activité humaine, j'allais dire pour la dignité de l'homme, est complètement anéanti par l'idée du secours décrété par les majorités parlementaires. Ce seul trait suffit pour montrer la différence qui existe, au point de vue de la liberté individuelle, entre les Etats modernes et ceux du moyen-âge qui avaient pour base les principes chrétiens. Dans ces temps, la société, la religion, la science, la considération et la dignité des communes exigeaient-elles les plus grands sacrifices? aussitôt les dons volontaires, produits d'une conviction intime, affluaient (1). Aujourd'hui, au contraire, il a fallu pour subvenir à tous ces besoins, inventer un système compliqué d'im-

(1) Un grand nombre de petites villes en Allemagne ont réuni au moyen-âge des sommes fabuleuses, eu égard à leur importance, pour créer des hôpitaux, des écoles, des églises et pour subvenir aux dépenses de l'Etat.

pôts et de contrainte qui ruine à peu près tous les Etats et qui ne laisse qu'une place bien minime au libre arbitre et à l'opinion individuelle. Nous assistons aujourd'hui à l'extension toujours plus grande de ce système ; l'esprit moderne montre par là qu'il ignore tous les principes de la vraie liberté. Le Christianisme donne à l'homme la plénitude de sa liberté, l'esprit moderne anéantit l'individu même dans son droit de propriété.

Le projet du parti radical de venir en aide aux classes ouvrières par des lois et des impôts votés par les chambres, paraît très-philanthropique, nous le voulons bien. Mais nous pensons qu'il ne peut se justifier en équité et qu'en conséquence il n'a que l'apparence de la philanthropie. Nous pensons que l'Etat n'est pas autorisé à empiéter ainsi et pour un but semblable, sur les droits du propriétaire; que, s'il le faisait, il se laisserait entraîner dans une voie dangereuse. Si une assemblée délibérante décrétait aujourd'hui de venir en aide aux classes ouvrières par des avances de cette nature, d'autres viendraient bientôt qui voteraient des atteintes bien autrement graves au droit de propriété. Que ce résultat se justifie au point de vue des principes constitutifs des Etats modernes, nous le reconnaissons volontiers. Mais, pour nous, ces principes eux-mêmes nous entraînent à la ruine; nous pensons qu'ils sont en opposition avec l'ordre établi par Dieu tel qu'il nous est révélé par les préceptes du Christianisme.

Voyons maintenant l'*utilité* de ces propositions, en d'autres termes si ce secours accordé par l'Etat aura pour les classes ouvrières en général l'effet qu'on en attend, notamment s'il transformera l'ouvrier en chef d'industrie et augmentera son bien-être d'une manière sensible.

Les libéraux objectent que ces propositions blessent le principe du self-help et, par suite, ne peuvent être accueillies. Mais leurs adversaires ont suffisamment démontré que cette objection était sans valeur. Ils leur ont répondu qu'eux-mêmes, sociétés puissantes, riches industriels avaient fait souvent appel à l'intervention de l'Etat soit en se faisant garantir un minimum d'intérêt par exemple dans les Compagnies de chemin de fer, soit en réclamant des avances; que, dans ces occasions, ils n'avaient pas été arrêtés par le scrupule délicat qui les tourmente aujourd'hui et qu'on ne pouvait, sans inconséquence, considérer comme une espèce d'insulte faite à la classe ouvrière, une chose que l'on avait admise sans hésitation pour les riches capitalistes. Les libéraux soutiennent encore que ces subventions ne peuvent et ne doivent être accordées que si l'intérêt public les exige. Mais cette objection n'est guère plus sérieuse. Il serait, en effet, difficile de prouver que la construction d'une ligne de chemin de fer offre plus d'intérêt à l'Etat que le bien-être de la masse de sa population ouvrière. D'un autre côté, cette manière de voir renferme en elle-même une grave inconséquence. Et voici pourquoi : les libéraux considèrent tout secours matériel apporté aux classes ouvrières comme un péril pour leur self-help social, mais ils ne se font aucun scrupule de leur offrir et même de leur imposer le secours de leurs lumières économiques et cela de la manière la plus étendue : cette façon d'agir ne semble pas, d'après eux, blesser le moins du monde le self-help. Ainsi, au 6e Congrès des économistes allemands des 14-17 septembre 1863 qui s'occupa si activement des intérêts des classes ouvrières, nous voyons figurer 25 fonctionnaires de l'Etat, 11 professeurs, 16 avocats, 8 banquiers, 14 journalistes, 30 docteurs en différentes sciences, 16 négociants et deux ouvriers seulement. Il est remarquable que ces messieurs ne trouvent aucune lésion du self-help social lorsqu'il s'agit d'augmenter le capital intellectuel des classes ouvrières, tandis qu'ils se récrient dès qu'il s'agit d'augmenter leur bien-être matériel.

Quant à nous, nous sommes convaincus aussi que ces propositions ne procureront aucun soulagement aux classes ouvrières, mais pour d'autres motifs. Ce que le parti radical a dit sur la possibilité de leur mise en pratique, nous semble aussi faible et aussi misérable que les raisons mises en avant par les libéraux en faveur de leur système. Cette intervention de l'Etat ne peut donner immédiatement à tous les travailleurs, c'est-à-dire aux journaliers proprement dits et surtout à ceux qui travaillent dans les fabriques, dans les petits ateliers et aux petits propriétaires, ne peut leur donner, disons-nous, les moyens de s'intéresser dans de grandes entreprises et de devenir ainsi tout à la fois ouvriers et entrepreneurs. Admettons même un instant que ce moyen soit réalisable; il ne pourrait être mis à exécution que peu à peu, après une assez longue suite d'années et en supposant un développement paisible, normal et tranquille de la société. Cette seule considération démontre l'impossibilité de le mettre en pratique et nous permet de passer sous silence toutes les autres objections.

Représentons-nous donc exactement la situation. Admettons que le plan des radicaux triomphe.

L'ouvrier, c'est-à-dire, la grande masse de la population, préoccupé sans cesse aujourd'hui de l'idée que son existence dépend d'un salaire soumis à de perpétuelles fluctuations, va être affranchi de cette crainte; il le sera en devenant cointéressé dans les grandes entreprises et en prenant ainsi sa part dans les bénéfices. A cet effet, on créera des associations de production; le capital d'exploitation sera fourni par l'État. De plus, les ouvriers choisiront, par voie d'élection directe, des hommes de confiance chargés de rédiger et de discuter dans les chambres, les lois qui règleront l'exécution de ces mesures. Il s'agira d'abord de fixer la quotité de la subvention que l'État devra accorder durant les premières années, et les industries, les associations de production qui y auront droit. Les futurs représentants du peuple parcourront les différentes parties du pays, écouteront les vœux de leurs mandants, leur feront des promesses. Et cela aura lieu en présence des masses pénétrées de l'idée moderne qu'il n'y a pas de droit objectif, que tout ce qui est décrété par les majorités, fût-ce même sur la propriété, constitue le droit. Il suffit de se faire une idée claire de cette situation pour être convaincu que l'exécution de ce projet est impossible; qu'il n'aurait pour conséquence ni un développement paisible, régulier de la société, ni la prospérité des classes ouvrières; qu'il conduirait au contraire à une guerre générale et aux plus terribles révolutions; qu'enfin il ne produirait aucun résultat utile. Toutes les passions imaginables qui peuvent s'agiter dans le cœur de l'homme seraient excitées au plus haut point et l'égoïsme le plus effréné se réveillerait dans le cœur de l'ouvrier. Chaque ouvrier, chaque association de production et chaque société ouvrière croirait avoir plus de droit que ses voisins et devoir être favorisé avant tout autre; chaque représentant soulèverait la même prétention en faveur de ses mandants et la lâcheté qui distingue déjà tant de nos représentants modernes, le respect humain qui les rend si timides les empêcheraient dans les chambres de se laisser guider par les principes généraux de la loi naturelle. Considérez avec calme nos représentations nationales; voyez combien elles sont éloignées de l'idée d'appliquer les principes généraux de la loi naturelle à la destruction des inégalités sociales! Dites-nous alors ce que deviendraient ces assemblées, quelle absence de toute idée rationnelle s'y manifesterait, comme elles se transformeraient en un champ clos où l'égoïsme le plus vil et les plus basses passions se livreraient à l'envi un combat acharné! Penser après cela que ces délibérations se feront avec calme et dignité, que les ouvriers, exclus temporairement du partage des subventions, supporteront avec une patience que je qualifierai d'angélique leur position misérable en attendant que leur tour arrive, c'est ignorer le cœur humain et ses passions; c'est s'exposer au danger de ressembler à ces utopistes, rationalistes à courte vue et philantropes de comédie qui veulent secourir l'humanité, tandis qu'ils lui causent un mal incalculable et la poussent à l'abîme.

Nous considérons donc la proposition du parti radical de venir en aide aux classes ouvrières par des subventions de l'État comme étant d'une légitimité très-contestable et complètement irréalisable en pratique.

Il nous reste à examiner le moyen proposé pour arriver à la réalisation du but, savoir le suffrage universel. Bien que cet examen ne rentre pas précisément dans le sujet qui nous occupe, nous croyons devoir nous y livrer tant à cause du rapport qu'on a établi entre cette question et la question ouvrière, qu'en raison de son extrême importance. En outre, la classe ouvrière n'a guère de contact avec la politique et le gouvernement intérieur de l'État que par les élections ; il nous semble donc rationnel de nous en occuper ici.

Les parlements, considérés en eux-mêmes, doivent représenter en réalité la nation tout entière au point de vue des intérêts que le gouvernement doit protéger et favoriser.

Que l'État ne puisse se développer sans une semblable représentation armée de certains droits vis-à-vis des agents du gouvernement, c'est un point universellement reconnu. Elle a existé chez tous les peuples et à toutes les époques, sous une forme plus ou moins perfectionnée. Tous les peuples sont unanimes à réclamer une semblable institution et par suite sa légitimité ne saurait être contestée. Elle est en particulier la base des constitutions de tous les peuples germaniques ; le gouvernement absolu était inconnu chez nos ancêtres.

Plus la forme que revêt chez un peuple l'idée d'une représentation de la nation, c'est-à-dire, de tous ceux qui jouissent de leur pleine liberté et de leur capacité juridique d'après leur position sociale, correspond aux besoins de ce peuple, à ses sentiments, à son idée du droit, plus elle est parfaite. Elle est au contraire d'autant plus incomplète et plus injuste, qu'elle s'en éloigne davantage. Aussi, au point de vue de son organisation et de ses bases, la plus parfaite était celle de l'ancienne Germanie avec sa séparation des citoyens en divers ordres.

Ces anciennes constitutions et la séparation de la nation en différents ordres ne répondirent plus, dans la suite des temps notamment, à l'état réel des choses; elles ne représentaient plus partout la nation et ses droits, elles avaient besoin d'une réforme sérieuse. Elles ressemblaient à un vêtement qui à l'origine avait été taillé convenablement, mais qui ne s'adaptait plus au corps qu'il devait recouvrir. Il eût fallu trouver pour la société moderne une nouvelle forme, basée sur les mêmes principes, en ayant égard aux droits nouvellement nés. On ne l'a pas fait; on a abandonné les traditions historiques de la Germanie pour tailler nos constitutions, comme nos habits, d'après la forme française. Cette forme ainsi que la manière dont on l'a organisée, est tellement éloignée de l'idée d'une vraie représentation de la nation, qu'elle en reproduit à peine une des faces. Examinons ce point de plus près.

La légitimité des assemblées nationales repose, ainsi que nous l'avons dit, sur la présomption qu'elles représentent la partie de la nation jouissant de sa capacité juridique, ses véritables intérêts, ses sentiments sur sa vie politique. Cette présomption est même reconnue par les lois et la constitution. Elle est admise comme loi fondamentale de l'État au moyen de la fiction juridique que les décrets de ces assemblées doivent être considérés comme l'expression de la volonté de tous les citoyens capables. Un fait digne de remarque, c'est que la société ne peut vivre sans fictions universellement admises, c'est-à-dire, sans propositions sur lesquelles on étaie des vérités fictives que tous doivent reconnaître, bien qu'il ne soit pas absolument certain qu'elles correspondent à la réalité. L'autorité de la chose jugée est une fiction de cette espèce. Elle est tellement indispensable que sans elle, il n'y a pas de justice possible. Elle consiste en ce que toute sentence coulée en force de chose jugée est regardée comme le droit absolu et traitée comme tel, bien que chacun sache que cette sentence puisse être en opposition avec le droit positif et qu'il en soit ainsi dans un grand nombre de cas. La loi elle-même repose sur une fiction semblable. Pour nous, la loi civile est et doit être l'expression du droit absolu. Cependant si nous considérons les variations auxquelles elle est soumise, nous sommes forcés d'avouer que cette hypothèse est loin de la réalité. L'absolu, l'infaillible, le juste et le vrai en soi, c'est-à-dire Dieu qui seul est juste et vrai est tellement nécessaire à notre existence, que dans tous les rapports dont Dieu nous a abandonné le libre règlement, nous sommes obligés de recourir à une fiction pour placer au milieu de nous, le Dieu absolu et infaillible et en faire l'appui de notre faiblesse. Dieu ne nous a préservé de l'incertitude que sur un point, celui qui concerne les rapports de l'ordre le plus élevé. S'agit-il de ces vérités éternelles, qui servent de base à toutes les autres? Dieu nous a donné un tribunal dont les jugements apparaissent comme vrais et absolus non par une fiction sujette à l'erreur, mais de plein droit et éternellement : c'est l'enseignement infaillible de l'Église catholique, interprétant le sens de ces vérités que le Fils de Dieu a révélées à l'humanité. Parmi les fictions nécessaires dont nous faisons usage, il faut ranger celle qui considère les décrets de la représentation nationale comme l'expression de la réalité, de la volonté et des sentiments du peuple. Quelque légitimes que soient ces fictions, elles peuvent avoir des conséquences désastreuses, si elles ne sont qu'illusions et mensonges manifestes. Malheur au peuple chez qui la fiction de l'autorité de la chose jugée n'est que le manteau d'une injustice préméditée! Malheur au peuple, si la présomption que la loi est l'expression de la justice éternelle, n'est qu'une duperie, un voile pour cacher l'iniquité! Malheur surtout au peuple quand la présomption légale que son parlement représente les divers ordres de l'État, leurs vrais intérêts, leurs pensées, leur volonté, leurs sentiments les plus nobles et les plus relevés, quand cette présomption, dis-je, est un mensonge au moyen duquel un parti, uni et conjuré en secret, poursuit *un* plan préconçu, s'efforce de faire prédominer *ses* propres intérêts, *ses* sentiments, *sa* volonté sous le manteau de la volonté générale.

Hélas! cette situation n'est malheureusement plus un simple épouvantail : elle est devenue plus ou moins une réalité sous la livrée française qu'ont revêtue les Etats modernes. En présence du régime constitutionnel tel qu'il fonctionne dans la plupart de ces Etats, il n'est peut-être pas de maxime plus contraire à la réalité, que celle de la représentation de la nation par les parlements dans le règlement des affaires publiques. Représentons-nous un pays où il y a deux administrations : l'administration officielle avec la personne royale pour chef et l'administration occulte appuyée sur quelques professeurs et unie aux sociétés secrètes. Toutes deux sont répandues sur toute la surface du pays.

L'administration occulte a adopté les divisions officielles, elle a étendu son organisation dans chaque commune : s'il s'y trouve un Conseil communal comme dernier membre des administrations publiques, elle y a aussi ses hommes de confiance qu'elle a enlacés avec précaution dans ses filets et qui sont les instruments aveugles de ses projets. Parfois elle vit en intime harmonie avec le gouvernement ; naturellement ces bons rapports se maintiennent tant et si longtemps que celui-ci reste l'instrument aveugle de sa volonté. Cette administration occulte a organisé complètement jusque dans ses plus petits détails, le système électoral ; son influence dans les élections est d'autant plus grande que les agents du gouvernement lui prêtent leurs concours tant que la bonne harmonie se maintient entre eux. Par son influence et son argent, elle domine aussi la presse et cette presse servile doit répéter au peuple, chaque jour, par ses mille voix, que les Chambres ainsi élues forment l'élite de la nation. Ce tableau n'est malheureusement pas le produit d'une folle imagination ! Quel mensonge, quelle tromperie à l'égard de la nation tout entière, quelle démoralisation de l'Etat dans une telle situation ! Résumons-la en quelques mots au point de vue du Christianisme et des croyances religieuses du peuple. La représentation nationale repose sur l'idée qu'elle reflète l'image du peuple habitant un pays ; elle a pour elle la présomption légale que ces décisions sont l'expression de la volonté légitime de la nation. Supposons un instant qu'un pays voie se développer dans son sein une organisation telle que nous venons de la décrire. Un parti s'y est formé et s'y est organisé comme nous venons de le voir ; sa manière de voir au point de vue religieux est en opposition avec celle des masses, il est dévoué corps et âme à un rationalisme, à un matérialisme cosmopolite, il hait, il abhore le christianisme tel que l'Eglise l'enseigne et la nation le professe. Par son influence, il compose une chambre de tous ses adeptes et se sert de la fiction constitutionnelle : que les chambres sont l'expression de la nation pour servir ses intérêts, sa haine contre le Christianisme et les croyances religieuses du peuple dans toutes les sphères de la vie sociale, dans la législation, les écoles, etc. Nous le répétons, c'est un mensonge, une duperie. C'est un crime contre les institutions, contre le bien-être du peuple.

Nous ne nous faisons aucun scrupule de répéter que cet état de choses est devenu une réalité dans la plupart des Etats allemands ; qu'un parti nombreux s'efforce sciemment de faire de la représentation nationale un odieux mensonge, de s'en servir dans son intérêt et pour répandre de mauvaises doctrines dont la propagation précipitera notre patrie dans un abîme de maux. La représentation nationale ne répond presque plus à son idée constitutionnelle ; elle ne représente plus la nation, mais un parti dont les principes sont loin d'être adoptés par le peuple proprement dit ; notamment dans beaucoup de pays, le peuple chrétien, ses désirs, ses droits, sont complètement exclus de ces assemblées, grâce aux manœuvres de ce parti ; ses adeptes, au contraire, y ont seuls la parole et y font la loi. Nous voyons dans cette oblitération de la vie publique le danger le plus grand et le plus imminent qui ait peut-être jamais menacé l'Allemagne chrétienne.

Plus le principe qui sert de base à la distinction des classes est exact, plus terribles aussi et plus pernicieux seront les désastres que sa fausse application attirera sur nos têtes.

L'immense corruption morale qui menace la vie politique dans les Etats modernes, a sa source dans le mode d'élection. Il n'entre pas dans notre cadre de faire connaître notre opinion sur cette question difficile avec toute l'étendue que réclame son importance. Disons néanmoins que selon notre opinion, le système électoral actuel contribuera de plus en plus à mettre les chambres sous la domination de ce parti qui l'emporte sur tous les autres par son activité. Nous ne nous faisons pas illusion sur les objections que l'on peut faire au système du suffrage universel tel que l'entend le parti démocratique; cependant nous le croyons préférable au système actuel. Le suffrage universel présente de grands dangers; il peut entraîner le peuple dans le chemin de l'erreur sous la direction des démagogues, et comme les manœuvres du parti libéral ont déjà eu pour résultat de donner pour règles aux actes de la vie publique non la conscience, mais les passions et leurs excitations, il pourra en résulter d'immenses catastrophes. Les premières élections entraîneront peut-être de graves désordres. Mais les masses croient encore en Dieu et en Jésus-Christ; elles reconnaissent encore les dix commandements de Dieu et la voix de leur conscience. Aussi sommes-nous persuadés que le premier moment d'excitation passé, nos concitoyens reconnaîtraient l'union qui existe entre les élections et la conscience, et, dès ce moment, nous serons sauvés. Le peuple chrétien peut errer en matière d'élection: nous le reconnaissons; mais si nous faisons abstraction de cette partie de la population urbaine qui est déjà descendue bien bas, il trouvera dans sa foi un remède, tandis que nous n'en apercevons aucun dans le parti libéral et son matérialisme abject. Nous sommes loin, sans doute, de considérer le suffrage universel du parti démocratique comme un idéal, mais nous n'hésitons pas à lui donner la préférence sur le système d'élection actuel, qui ne fait que corrompre de plus en plus les mœurs publiques et nous livre pieds et poings liés à la domination d'une puissance occulte et insaisissable.

CHAPITRE VII.

VRAIE SOLUTION DE LA QUESTION.

Les propositions du parti libéral tout aussi bien que celles du parti radical sont donc impuissantes pour résoudre le problème capital des temps modernes. Elles n'apporteront aucun remède à la situation désastreuse que les principes enseignés par eux ont en grande partie créée aux classes ouvrières; elles ne préserveront pas celles-ci des résultats de la concurrence universelle qui réduit l'ouvrier au strict nécessaire et cela encore uniquement pour les jours où il travaille.

Quelque bien intentionnés que soient beaucoup d'adeptes de ces partis, en supposant même que leurs efforts améliorent temporairement et partiellement la situation, *toutes leurs propositions ne peuvent en aucune façon préserver les classes ouvrières en général d'une ruine plus grande ; encore moins sont-elles capables d'améliorer leur situation*. Faut-il se résigner à voir cet état de choses s'aggraver sans cesse et aboutir aux conséquences inévitables que nous avons signalées ? Nous est-il permis de demeurer oisifs et de ne rien tenter pour y porter remède?

On nous vante l'Angleterre à raison de sa liberté politique, on nous la présente comme un modèle à suivre, comme un idéal à atteindre sous le rapport du développement des sociétés ouvrières. Cependant nous y voyons la situation des classes ouvrières, c'est-à-dire de la grande masse de la population, s'aggraver d'une manière effroyable. *Ni cette liberté politique, ni ce développement magnifique des sociétés ouvrières ne peuvent arrêter le mal.* Le taux de la mortalité dans la classe ouvrière nous en donne encore une idée plus nette. Plus la mortalité est grande dans une classe de la population, plus elle est déchue sous le rapport du bien-être physique, de l'alimentation, de la santé (1). Dans un grand nombre de villes anglaises, la population est divisée en trois classes: la classe aisée, la classe moyenne et la classe pauvre à laquelle appartient l'ouvrier. La durée moyenne de la vie dans la 1re classe est de 35 à 44 ans, dans la dernière de 15 à 19 ans.

Lorsque Lassalle, dans un discours tenu à Francfort, fit connaître ces renseignements statistiques effrayants, le cri de : « Assez » se fit entendre. Et ce fait est remarquable. Autant une partie de notre population est accoutumée à n'entendre que des louanges, autant estelle devenue incapable d'entendre la vérité même en ce qui la touche de près. Ces chiffres me semblent plus éloquents que les plus longs discours pour établir le véritable état des choses et la valeur des essais tentés jusqu'à ce jour en vue de tirer les classes ouvrières de la situation où l'ont placée les principes de l'économie politique moderne.

A Mülhouse, de 1823 à 1834, le nombre des décès parmi les nouveaux-nés était double chez les enfants des tisserands et des fileurs que chez ceux des fabricants et négociants. La moitié mourait avant leur première année révolue. Sur 100 fabricants et négociants,

(1) V. Annexe III.

33 dépassaient l'âge de 50 ans, tandis que sur 100 tisserands huit seulement et sur 100 fileurs, trois atteignaient cette limite. Dans une ville manufacturière de l'Angleterre, la durée moyenne de la vie était de 33 1/2 ans, avant l'établissement des fabriques ; postérieurement elle descendit à 19 1/2 ans. Il est donc hors de doute qu'aujourd'hui la santé et la force vitale de l'ouvrier perd et décline chaque jour. Sous ce rapport, la situation de l'Allemagne est meilleure que celle de l'Angleterre. Les ouvriers cigarriers de Berlin atteignent en moyenne l'âge de 30 ans, tandis que dans certaines villes de l'Angleterre ils ne dépassent pas 15 ans. Toutefois nous marchons vers la même décadence. Nos ouvriers de fabrique actuels descendent de notre population agricole et ont apporté avec eux la santé et la force. Mais hélas ? il n'en sera pas longtemps ainsi ; quelques années encore et nous trouverons aussi dans certaines parties du pays, au lieu d'une race saine et robuste, une population malingre et souffreteuse. Un écrivain français a séparé les Américains du Nord en trois classes : les noirs c'est-à-dire les esclaves, les ouvriers blancs ou prolétaires et enfin la riche aristocratie ou les grands capitalistes. Les propositions du parti radical pas plus que celles du parti libéral n'arrêteront les conséquences des principes économiques modernes. S'il n'y avait d'autres forces sur la terre que celles prônées par ces deux partis, nous arriverions à séparer l'Allemagne en deux parties : l'une composée des riches, gens de bourse et capitalistes, avec tous leurs parasites, l'autre des prolétaires, ouvriers sous leur dépendance absolue.

Encore une fois n'y a-t-il pas de remède ? Devons-nous laisser courir nos concitoyens au-devant de ce nouvel esclavage, et permettre qu'on leur fasse croire en outre que cette situation est le progrès, la liberté, la civilisation et le bonheur?

A Dieu ne plaise qu'il en soit ainsi! Depuis que le Fils de Dieu est descendu sur la terre, l'esprit créateur du Christianisme a résolu, dans les limites du possible, toutes les grandes questions, même celles qui avaient rapport aux misères et à l'alimentation des hommes. Dieu permet que, dans sa marche bienfaisante, le Christianisme trouve continuellement sur sa route de nouvelles et graves difficultés à résoudre; les solutions qu'il donne manifestent son origine et sa force divines. Il a brisé les chaînes de l'esclave antique. La difficulté paraissait cependant invincible. Toute trace de l'origine commune des hommes, de *leur* destination à un but élevé, d'une dignité commune à *tous* avait disparu. Le Grec ne reconnaissait qu'au grec libre, le Romain qu'au citoyen romain, au civis romanus, la pleine possession de la dignité humaine. Nul d'entr'eux ne se serait imaginé alors que l'esclave possédât une âme, partageant avec la sienne une origine et une destinée communes. L'esclave était considéré comme un animal et traité comme tel. *Le Christianisme a rendu la dignité humaine à cette grande portion de l'humanité.* Sous son souffle puissant, ces esclaves sont devenus dans les campagnes notre population agricole, dans les villes, notre bourgeoisie. L'esprit du Christianisme a réuni d'immenses ressources pour secourir le pauvre travailleur dans d'innombrables institutions répondant à tous les besoins. L'esprit antichrétien des temps modernes est sur le point de rétablir sous une autre forme l'esclavage antique et il trouve un puissant appui dans une science incrédule et matérialiste. En faisant descendre l'homme de la matière, on endurcit son cœur contre les souffrances de ses frères. Nous foulons aux pieds la matière, nous l'anéantissons même si cela nous est nécessaire; nous tuons l'animal qui doit nous nourrir. Si l'homme n'est autre chose qu'une transformation de la matière, qu'un développement du règne animal ou végétal, qu'on nous montre la limite au delà de laquelle il ne sera plus permis de le fouler aux pieds comme une plante, de le tuer comme un animal, mais où nous devrons l'estimer et l'aimer comme notre semblable? L'égoïsme franchira bientôt ces barrières qu'une philanthropie étique veut tracer et le nouvel esclavage, appuyé sur un vil matérialisme, nous menace d'être bien plus cruel et plus dur que l'ancien. Quand les grands docteurs de l'Église primitive attaquèrent l'esclavage, ils dirent aux maîtres payens : « Dieu a donné à l'homme l'empire sur la nature et sur les animaux; mais il ne t'a pas donné le même pouvoir sur tes frères; comme hommes, ils sont tes égaux. » Le 7 février 1249, lors du traité de paix entre l'Allemagne et les Prussiens convertis, le légat du Pape fit entendre ces paroles sublimes : « Les nouveaux convertis ont appris que tous les hommes sont égaux tant qu'ils ne pèchent pas; que le péché seul les rend malheureux et les réduit à la condition de l'esclave. » Le matérialisme moderne cherche à anéantir dans l'homme cette grande pensée en le faisant l'égal de l'animal; il s'en glorifie comme d'une nouvelle révélation; mais elle nous ramène aussi à la situation où l'homme peut être traité comme un animal.

La classe ouvrière supporte tout le poids de cette erreur. C'est de nouveau la mission du Christianisme de délivrer le monde de ce nouvel esclavage et d'employer pour y réussir sa force divine et sa vie toujours nouvelle. Cette vérité se propagera chaque jour de plus en plus. L'esprit de Jésus-Christ, source de la charité dans les cœurs chrétiens, attirera davantage l'attention des chrétiens sur la question ouvrière. La classe ouvrière arrive par une pente rapide au prolétariat. Faudra-t-il qu'elle arrive jusqu'au fond de l'abîme pour nous faire toucher du doigt toutes les conséquences de l'incrédulité et du libéralisme? Qui pourrait le dire? On ne peut même fixer aujourd'hui la nouvelle voie que suivront la charité et l'esprit chrétien pour faire sortir du malaise dont souffre la société un éclatant triomphe pour le Christianisme. Loin de moi donc la présomption d'indiquer tous les moyens par lesquels le Christianisme s'efforcera d'atteindre son but et de présenter un système complet. Je serais heureux si ma parole contribuait à réveiller les cœurs chrétiens et la charité, et à attirer leur attention sur le vaste champ ouvert par Dieu à leur activité. Si j'entreprends d'indiquer quelques moyens par lesquels nous pourrions, sous l'inspiration du Christianisme, venir en aide aux classes ouvrières, ce ne sont que d'humbles réflexions et je me réjouirais du plus profond de mon cœur si d'autres plus capables que moi pouvaient traiter cette importante question.

Répétons tout d'abord que le Christianisme et l'Église n'exercent pas leur influence sociale d'une manière directe, par des moyens plus ou moins mécaniques et par des institutions, mais surtout par l'esprit qu'ils inspirent aux hommes. Ainsi ils ont aboli l'esclavage antique en inculquant aux hommes leurs doctrines divines et l'esprit de charité. Les maîtres furent amenés par là à affranchir eux-mêmes leurs esclaves ; l'esprit des peuples et des législateurs subit une transformation complète.

Il doit en être de même aujourd'hui pour la solution des questions sociales. Les siècles derniers ont vu décliner l'esprit du Christianisme. C'est à cette circonstance qu'il faut attribuer la situation actuelle des classes laborieuses et les dangers qu'elle présente : cet oubli en est la cause primordiale et essentielle. Les esprits n'étant plus éclairés par les vérités éternelles, sont devenus, dans le domaine purement humain des questions politiques et sociales, la proie de faux principes, de préjugés abstraits et du fanatisme libéral, de ce fanatisme qui ne connaît pas l'organisme vital de la société, qui possède une puissance immense pour dissoudre et détruire, mais est incapable de rien édifier. L'esprit et la force du Christianisme ne tenant plus en respect l'égoïsme et les basses passions qu'il engendre, nous voyons aujourd'hui dans la société se développer cette situation si grosse de périls. Le remède doit donc être interne. A mesure que les vérités divines de la Religion répandront de nouveau leurs lumières dans les esprits, les vrais principes et le véritable mode de les appliquer reparaîtront dans le domaine de l'économie sociale et de la politique ; les hommes, en se soumettant à la sagesse divine, retrouveront la vraie sagesse politique et sociale. Alors aussi les gouvernements cesseront leur action dissolvante ; ils abandonneront la voie des entraves et des transactions; ils faciliteront et provoqueront une nouvelle organisation des rapports sociaux et économiques en donnant à l'industrie, aux communes et à tous les liens vitaux une organisation conforme aux besoins actuels. J'ajouterai ici une autre idée générale admirablement développée par M. Périn, professeur d'économie politique à Louvain, dans son livre sur la richesse, savoir : que l'esprit du Christianisme n'est pas seulement un esprit d'amour, mais encore un *esprit d'abnégation* et que, inspirant aux hommes l'idée *de se vaincre et de se restreindre eux-mêmes*, il facilite le développement du bien-être général. Pour que le capital n'écrase pas le pauvre, il faut de toute nécessité que les riches sachent borner eux-mêmes leurs désirs et ne se permettent pas tout ce qui pourrait leur procurer un usage égoïste de la force dont ils disposent. En même temps cet esprit de renoncement et d'abnégation que le Christianisme seul engendre et que l'incrédulité moderne a transformé en cupidité et en mécontentement, donne aux classes ouvrières cette moralité et cette modération, cet amour du travail, cette économie d'où dépend leur bonheur et celui de leurs maîtres. Il ne faut pas se faire illusion; les associations vraiment prospères, notamment les associations de production dont nous allons parler ne sont possibles et ne peuvent se maintenir qu'entre ouvriers pénétrés de l'esprit du Christianisme; d'un autre côté, les capitalistes et les fabricants vraiment chrétiens sont seuls capables et seuls disposés à faire participer jusqu'à un certain point l'ouvrier aux bénéfices de leur entreprise.

Ces préliminaires posés, examinons quelques points

que nous regardons comme étant d'une importance majeure.

Le *premier moyen* que l'Eglise offre aux classes ouvrières, c'est la création et la direction d'*établissements pour les ouvriers incapables de travailler*.

Nous l'avons déjà fait observer; le parti libéral, après avoir traité l'aumône avec le plus grand dédain afin de mettre au premier rang le self-help tant vanté, commence à son tour à s'occuper de la fondation d'établissements pour les ouvriers infirmes ou malades. Ce domaine appartient aujourd'hui et appartiendra avant tout au Christianisme, à l'Eglise et à la charité chrétienne. C'est au Christianisme et à son esprit que l'Europe chrétienne doit la presque totalité des fonds, maisons et établissements créés dans ce but.

Les œuvres de la philanthropie en cette matière sont insignifiantes. L'ouvrier, devenu incapable de travailler et obligé d'invoquer le secours de ses semblables, est encore redevable aujourd'hui au Christianisme, dont il méconnaît souvent les bienfaits, des soins qu'il reçoit dans les nombreux établissements de charité, dans les hôpitaux, hospices de vieillards, etc. Mais l'esprit chrétien n'a pas seulement réuni les fonds nécessaires à ces établissements; il les a organisés; lui seul est capable de soigner l'ouvrier de telle façon que sa misère en éprouve tout le soulagement possible.

On ne vient pas réellement en aide à l'ouvrier sans ressource par cela seul qu'on lui donne asile dans un de ces établissements: nous l'avons déjà fait observer: Il faut encore qu'il y trouve des soins intelligents, qu'il y soit traité avec tendresse. Sans doute, dans des circonstances exceptionnelles, notamment sous l'influence de quelques individualités spéciales et tant qu'elles existeront, la philantropie pourra voir ces établissements arriver à un certain degré de prospérité. La concurrence des établissements chrétiens l'oblige à faire tous ses efforts et à établir quelques institutions modèles qui sont montées peut-être avec plus de luxe et semblent ainsi pouvoir lutter avec les premières. Mais jamais aucun des partis qui s'efforcent de secourir l'humanité sans l'intervention des forces et des dons surnaturels que Dieu a déposés dans le Christianisme, ne parviendra à offrir dans ses établissements, à l'ouvrier sans travail, outre l'asile, des soins semblables à ceux qu'il reçoit dans les établissements chrétiens. L'organisation et la direction des maisons de charité et des hôpitaux présentent d'innombrables difficultés. A mesure que le travailleur infirme avance en âge, il a besoin de plus d'aide et réclame de nouveaux soins. Il devient faible de corps et d'esprit. Ses défauts et ses passions, les mauvaises habitudes de sa vie antérieure s'aggravent de jour en jour. Le penchant à la malpropreté, poussé parfois jusqu'aux dernières limites, la paresse, l'ivrognerie, une humeur tracassière, font chez lui ménage commun. Il n'existe peut-être aucun lieu plus propice pour découvrir toutes les faiblesses de la nature humaine. Pour supporter et vaincre par des soins affectueux toutes ces misères corporelles et spirituelles, il faut entrer dans ces établissements avec un cœur pénétré d'un amour plus qu'humain et terrestre; sinon les meilleurs et les mieux intentionnés sentiront leur courage faiblir en présence de tous ces vices, ils s'habitueront à ces misères et courront risque de blesser plus d'une fois les lois de la fraternité. Toutes les fois que j'ai eu occasion de visiter ces établissements, j'ai pu me convaincre que malgré les principes d'humanité professés libéralement par les magistrats administrateurs, la plupart des institutions purement laïques présentaient de grands vices dans leur organisation intérieure; beaucoup d'entre elles se trouvaient même dans un état complet d'abandon; la malpropreté, la paresse et la débauche y régnaient en souveraines d'un côté, tandis que de l'autre s'étalait le spectacle de l'indifférence la plus entière pour toutes ces misères. Être en relations journalières avec les malades et les infirmes pauvres, les soigner pendant de longues années, constitue une mission si pénible que la nature humaine seule ne peut y suffire. L'amour paternel et l'amour filial succombent même parfois à la tâche, lorsque la maladie ou les faiblesses de l'âge durent quelques années. Que de vieux parents sont maltraités par leurs propres enfants, parce que le sentiment de ceux-ci s'est émoussé plus ou moins en présence d'une infirmité prolongée! Si l'amour filial lui-même ne suffit pas pour cette tâche, comment sera-t-elle remplie par des hommes qui s'y consacrent par amour du gain? L'amour surnaturel que Dieu répand dans le cœur de l'homme, peut seul donner la force d'entourer le pauvre des soins durables et affectueux dont il a besoin. Je sais bien qu'une fraction du parti libéral pousse la haine du Christianisme jusqu'à vouloir l'attaquer dans les Sœurs de charité catholiques. Nous l'avons vue à l'œuvre à Vienne d'abord, puis à Augsbourg et en dernier lieu à Mayence. Mais ces attaques, nous l'affirmons, n'ont pas eu lieu dans l'intérêt du pauvre, mais exclusivement dans celui d'un parti ; pour ma part, je ne connais rien de plus faux et de plus inhumain ! Dans ma ville épiscopale même, je l'ai vu de mes propres yeux, j'ai été témoin de cette lâcheté qui n'a pas craint, par haine pour la religion, de tenter d'enlever aux pauvres ouvriers, dans les hospices et les hôpitaux, les soins les plus tendres qu'ils puissent recevoir ici-bas. Je saisirai quelque jour l'occasion de proclamer, sans détour, ce que j'ai vu sous ce rapport : mon témoignage servira tout à la fois d'enseignement et de salut pour les pauvres. Malgré ces attaques, l'Eglise et le Christianisme continueront à pratiquer envers les ouvriers devenus incapables de travail, l'œuvre du bon Samaritain ; ils accompliront une partie de leur mission, l'adoucissement du sort des classes ouvrières. Les membres de l'Eglise qui soignent les malades et les pauvres sont les vrais amis des ouvriers ; ils leur prodiguent plus d'amour dans leurs maladies et dans la vieillesse que tous les beaux parleurs du parti libéral : l'amour de ceux-ci se traduit en phrases pompeuses et en sentiments de haine contre le Christianisme.

La preuve la plus incontestable que la mission de soigner l'ouvrier incapable de gagner sa vie appartient exclusivement au Christianisme, c'est qu'elle était inconnue à la civilisation tant vantée de l'antiquité payenne, aux Romains aussi bien qu'aux Hellènes. Nous défions les libéraux, ces payens modernes, de citer dans toute l'antiquité une seule institution destinée à soulager les innombrables misères des esclaves ; dans tous les écrivains payens, ils ne trouveraient pas une seule phrase indiquant que du moins l'idée en avait germé dans quelque cerveau. Ce fait est concluant et très-remarquable. Le soin des infirmités humaines appartient à l'Eglise et au Christianisme dans le passé et dans l'avenir. La philanthropie peut les imiter, mais ses créations ne seront qu'une caricature des institutions chrétiennes. Les événements auxquels nous assistons doivent engager toutes les âmes chrétiennes à tourner leurs regards vers ce point et à fonder des établissements convenables pour soigner les ouvriers devenus incapables de travailler. Mais ils doivent aussi engager tous les ordres religieux qui se consacrent à la direction de ces établissements à témoigner tant d'amour dans leurs soins aux ouvriers âgés et malades que l'esprit du mensonge soit tué par la puissance de la charité.

Le *second moyen* que l'Eglise présente aux classes ouvrières pour les aider dans leur position malheureuse, c'est la famille chrétienne reposant sur le mariage chrétien. La *famille chrétienne* leur offre *trois avantages principaux* qui exercent en même temps une influence prépondérante sur leur condition économique.

L'un des dangers qui menacent les classes ouvrières gît dans le relâchement de tous les liens organiques qui protègent leur vie solitaire. Rappelons-nous la première catégorie de moyens proposés par le parti libéral. Où s'arrêtera ce relâchement dans l'avenir? nul ne peut le prévoir. La famille elle-même n'en sera pas à l'abri. Parmi ces moyens, nous trouvons l'abolition de toutes les entraves qui entourent le mariage. Nous ne nions pas que dans certaines contrées, le mariage ne soit soumis à des restrictions ridicules.

Toutefois il en faut jusqu'à un certain point ; certaines d'entre elles se justifient au point de vue de la raison et du Christianisme et leur abolition aurait pour unique conséquence de provoquer la légèreté dans cet acte important, et, par suite, nuirait à la famille. Citons aussi la tendance générale à considérer le mariage comme un contrat civil, à introduire le *mariage civil* et à le séparer complètement de l'Eglise. La stabilité de la famille repose exclusivement sur la Religion et sur la théorie chrétienne du mariage. Le principe catholique fait du mariage un sacrement ; les liens matrimoniaux ne peuvent être dissous que par la mort. Or, voilà la base la plus inébranlable de cette stabilité. Si l'on considère le mariage comme une institution civile et si cette manière de voir pouvait prédominer chez un peuple, la famille et le mariage chrétiens seraient perdus. Le lien matrimonial ne tarderait pas à être considéré comme un *contrat civil* que l'on pourrait dissoudre à volonté par consentement mutuel et le nombre des causes civiles de divorce s'accroîtrait indéfiniment. L'Eglise et le Christianisme, unis à la conscience des peuples chrétiens, opposeront une résistance victorieuse à cette tendance moderne, et elle ne parviendra ni par le mariage civil, ni en facilitant les mariages inconsidérés ou le divorce, à anéantir cette institution divine, dont l'action bienfaisante se fait sentir sur tous les membres de la famille.

Un *autre* danger menace les classes ouvrières, c'est l'influence pernicieuse qu'une situation précaire exerce sur la santé et sur la durée de la vie. Elle résulte d'abord de la mauvaise nourriture, de l'air vicié qu'elles respirent et des soucis qui les rongent. Mais le bien-être physique de l'homme ne dépend pas seulement de la nourriture, de l'air et du logement ; ce qui exerce encore une influence plus considérable, c'est la *pureté de mœurs*. Les résultats s'en font sentir jusque dans les générations les plus reculées. Si nous voyons souvent une population saine et robuste quoique mal nourrie, n'en cherchons pas la cause ailleurs : elle est dans la pureté de ses mœurs. Si à une mauvaise nourriture, à un air malsain, à des habitations insalubres, viennent s'ajouter la débauche et l'immoralité, un peuple marche à grands pas à sa ruine. La race la plus forte ne résistera pas à l'influence réunie de ces causes de désorganisation. L'abaissement profond où étaient tombés les esclaves dans l'antiquité païenne y trouve sa principale explication, et l'immoralité brutale de ces malheureux était un motif principal pour les maîtres de les traiter comme des animaux. Il serait déraisonnable de croire que le caractère d'un peuple peut le protéger contre cette influence. Ce serait renouveler la croyance païenne que la nature a séparé les hommes en deux classes, l'une destinée au bonheur et à une haute culture intellectuelle, l'autre à l'esclavage et à une vie bestiale. La misère et la débauche peuvent provoquer chez toute nation l'état d'abaissement où étaient tombés les peuples de l'antiquité; nous en trouverions des preuves nombreuses dans toutes les grandes cités de l'Europe. L'influence de ces agents délétères se ferait sentir dans toute sa force parmi les classes ouvrières, si l'on réussissait à détruire parmi elles le mariage et la famille. Les principes économiques modernes les ont déjà réduites en grande partie au strict nécessaire; la destruction de la famille chrétienne verserait dans leur cœur le poison pernicieux de l'immoralité avec toutes ses conséquences épouvantables. Nous le voyons tous les jours; un souffle d'immoralité passe sur le monde. Que de journaux lui viennent en aide, autant qu'ils le peuvent, je le veux bien, en présence d'un peuple encore profondément attaché à ses principes chrétiens! Des amusements immoraux sont chaque jour offerts aux peuple; les organes du parti libéral les vantent même comme les plaisirs les plus nobles et les plus vrais. Leurs feuilletons sont pour la plupart la glorification du libertinage et de tous les crimes moraux qui s'attaquent à la famille et au mariage chrétiens. Entrez dans les théâtres de nos grandes villes dont le but prétendu est d'instruire, lisez les romans écrits pour la société élégante et descendez jusqu'aux follicules populaires que l'on répand et que l'on colporte; partout vous trouverez sous mille formes diverses la peinture de la frivolité, de la sensualité et même de l'adultère. L'Église chrétienne, obligée par ses commandements de combattre le libertinage, est devenue un objet de haine. Aussi quand un homme pratiquant sa religion commet une action contraire aux mœurs, la presse immorale s'en empare-t-elle avec une joie maligne et s'en fait une arme contre la religion. Elle pousse des cris de triomphe à chacune de ces chutes, elle les dévoile et enlève ainsi de jour en jour au peuple et au monde la croyance à la vraie moralité et à la pureté de la vie. Les annonces de certains journaux (et ils sont nombreux) offrent une sorte de chronique de la débauche journalière et font connaître avec une exactitude scrupuleuse au peuple les voies ténébreuses que suit le vice. En Angleterre cette tendance a pris un tel développement que les journaux qui s'occupent exclusivement de cette triste phase de la vie, dans des récits et des romans, ou des annonces matrimoniales pour le peuple, les travailleurs, les domestiques, s'y débitent par milliers d'exemplaires. Je n'hésite pas à attribuer en grande partie l'abaissement de la vie moyenne à 15 ans, dans certaines classes de travailleurs et dans certains districts de l'Angleterre, à l'influence de ces causes. Qu'arriverait-il donc si à ces éléments de séduction venait s'ajouter la faculté illimitée de se marier et de se séparer, et si le mariage civil tel que le conçoivent les libres-penseurs venait à prédominer chez le peuple. En général les ouvriers sont réunis en grandes masses. Ils vont au travail en troupes; ils en reviennent de même; chaque maison d'ouvriers en contient une certaine quantité; dans toutes ces occasions les différents sexes sont confondus. Que deviendraient ces ouvriers, si le Christianisme ne pouvait plus invoquer ses doctrines sur la pureté de mœurs, la chasteté et le péché, et si au milieu de tant d'occasions attrayantes et de dangers, on leur criait : Il n'y a plus de lien matrimonial indissoluble, vous pouvez vous marier et divorcer à volonté? La débauche est un danger qui menace l'homme dès ses jeunes années et dont les suites sont alors le plus à craindre, puisqu'elle échappe à toute mesure préventive. Le cœur d'un père ou d'une mère chrétiens, armé de cette délicatesse de sentiments que donne le Christianisme et aidé des moyens qu'offre la Religion, peut préserver la jeune plante de ce souffle délétère et produire une race pure et chaste. Les mariages dissous avec la même légèreté qui a présidé à leur conclusion, laissent l'enfant sans protection contre ces dangers qu'il ignore. Que deviendraient tous les enfants d'ouvriers issus de ces mariages, exposés chaque jour à ces tentations et aux périls du mauvais exemple? Réduits physiquement aux plus misérables expédients, privés des soins et de la surveillance affectueuse de leurs parents, ils chercheraient dans la débauche une compensation aux misères de leur existence et leur perte physique et morale serait d'autant plus infaillible et plus rapide. Ces peintures ne sont pas des chimères, elles sont l'image fidèle de ce qui existe déjà dans les pays où les principes modernes ont pénétré dans les masses et y ont attaqué la pureté du mariage et de la vie de famille. On ne peut songer sans une profonde douleur que cette situation peut devenir celle de nos classes ouvrières. L'autorité du Christianisme et le Dieu tout-puissant qui est avec son Eglise l'empêcheront sans doute. Le mariage chrétien, l'idée sublime de son indissolubilité et de sa sainteté opposeront une résistance victorieuse. L'Eglise sauvera du naufrage qui les menace le mariage, la famille chrétienne et les cœurs des parents chrétiens. Là est la première, l'indispensable condition de la solution de la question ouvrière. Tant que nos familles d'ouvriers resteront chrétiennes, tant que les maris auront des femmes chrétiennes et réciproquement, tant que les enfants auront des parents chrétiens et les parents des enfants chrétiens observant le 4e commandement, la dissolution trouvera dans la classe ouvrière une barrière solide qu'elle ne pourra franchir.

Le mince salaire de l'ouvrier se multiplie en quelque sorte dans la famille chrétienne : c'est le *troisième avantage* qu'elle lui offre. Sans doute son salaire ne devient pas plus élevé, mais il *augmente en valeur*. Le florin que l'ouvrier remet à une femme chrétienne, reçoit une autre valeur et procure plus d'utilité que celui remis à une femme frivole pour l'entretien du ménage. Le florin que gagne un ouvrier chrétien a une tout autre valeur pour satisfaire ses besoins que celui touché par un ouvrier étourdi qui le dissipe le soir en orgies. Cette différence devient surtout sensible aux jours de misère, de chômage ou de maladie. De quelle importance n'est pas alors pour l'ouvrier et ses enfants une famille chrétienne avec sa forte organisation et sa somme inépuisable de sacrifice et d'amour!

Voilà les effets du mariage chrétien, de la famille chrétienne sur la situation économique de l'ouvrier. Ils lui procurent, pour subvenir à sa subsistance, la meilleure et la plus indispensable des associations, fondée par Dieu et sans laquelle toutes les autres quelle que soit leur dénomination ne peuvent rien; elle écarte de l'ouvrier, avant sa naissance même, puis durant sa jeunesse et pendant tout sa vie, le libertinage et ses conséquences et le place sous la protection de la pureté des mœurs, cette fille du ciel; elle augmente enfin son salaire par l'amour et l'économie intelligente d'une femme chrétienne. En présence de ces vérités, je n'hésite pas à soutenir que la famille et le mariage, basés sur la doctrine de l'Eglise catholique ont une importance infiniment plus grande pour la solution de la question ouvrière que toutes les propositions et toutes les tentatives du parti libéral et du parti radical.

Le *troisième moyen* offert par le Christianisme aux classes ouvrières, consiste dans les *vérités et la doctrine* qu'il enseigne et qui constitue *leur véritable éducation*. Lorsque le parti libéral promet aux classes ouvrières une instruction plus élevée au moyen de sa doctrine du *self-help* et de ses associations, ce n'est qu'un vain mot et une illusion, en tant que ces moyens ne s'appuient pas sur le Christianisme. Celui-ci seul leur donne une éducation réelle. Tous ces modes de culture intellectuelle proposés par les rationalistes sont à ceux du Chritianisme comme le grain de blé tombé dans la poussière à une table somptueusement servie. Ces messieurs ne connaissent ni le Christianisme ni ses ressources immenses, mais lorsqu'ils ramassent quelques miettes tombées de sa table, ils les présentent au monde comme des découvertes d'une merveilleuse efficacité. Et cependant ce qu'ils possèdent n'est qu'une mince parcelle de ce que le Christianisme offre aux hommes.

Le Christianisme met l'homme en pleine possession et jouissance de toutes ses forces. Il lui a rendu son individualité tout entière. Le paganisme ignorait la valeur de l'homme comme individu. Pour les Grecs et les Romains, le reste de l'humanité n'avait aucune valeur. Au sein de leur propre nation même ils ne connaissaient pas la valeur de l'homme. Chez les Grecs une moitié de la nation, les femmes, était considérée comme de condition inférieure. La dignité de l'enfant n'était pas mieux connue. On pouvait le vendre et le tuer pour les causes les plus diverses. L'homme était absorbé par le citoyen et sa valeur était appréciée en raison de l'utilité qu'il pouvait procurer à la République. L'homme comme tel existait à peine. Le paganisme ne connaissait pas de classe ouvrière, jouissant de droits égaux à ceux des autres citoyens. Il a fallu le Christianisme pour rendre à l'homme toute sa valeur. Pour nous, dit l'Apôtre, il n'y a ni étranger, ni juif, ni circoncis, ni barbare, ni scythe, ni esclave, ni homme libre; il n'y a que Jésus-Christ (1). Ces paroles de l'Apôtre rappellent la dignité que tous reçoivent dans le Christianisme. Il avait exprimé dans les mêmes termes la dignité que possèdent tous les hommes comme créés à l'image de Dieu. C'était une doctrine sublime, admirable, capable de changer la face du monde, véritable antithèse des idées qui dominaient chez tous les juifs et les payens, chez les Grecs et chez les Barbares, chez l'esclave et chez l'homme libre. Le Christianisme a répandu ces idées dans le monde. Il a pénétré comme un rayon d'en haut dans les âmes des affranchis et des esclaves qui, dans leur abaissement, avaient fini par mettre leur existence sur la même ligne que celle des animaux. Elles se réveillèrent comme d'un profond sommeil; l'âme avait le pressentiment de sa dignité et de sa haute destinée : ce pressentiment devint une réalité. Mais le Christianisme ne s'est pas borné à proclamer sa doctrine de la dignité humaine en termes éloquents; il l'a formulée en axiomes qui la rendaient accessible à toutes les intelligences. Là gît la principale différence qui existe entre lui et la philanthropie. Celle-ci parle aussi de dignité humaine, mais sans idées, sans vérités qui en fassent comprendre le fondement. Lorsque le Christianisme représente aux hommes leur dignité, il leur dit, fussent-ils placés au dernier degré de l'échelle sociale : tu possèdes dans ton âme, cachée dans ses replis les plus secrets et

(1) Col. 3.11.

sous une enveloppe mortelle, une image d'une beauté resplendissante et d'un prix infini; c'est un rayon de l'Être infini, éternel, une figure de sa beauté et de sa majesté éternelle. Cette image t'explique ce désir ardent, cette aspiration vers une autre patrie, que tu éprouves même dans les plus grandes misères, sans pouvoir t'en rendre compte. Elle est cause que ton âme n'est jamais rassasiée, que tes désirs te poussent sans cesse en avant, et te tourmentent perpétuellement, quand même tu aurais des ailes pour voler d'une étoile à l'autre, quand tu posséderais chaque astre. Cette dignité repose en toi enfouie sous toutes les misères humaines, sous une enveloppe périssable, de même que dans le sein de la montagne le diamant se trouve enfoui sous d'énormes couches de pierres. C'est pourquoi le Fils de Dieu est descendu du ciel parce qu'il a vu ce diamant d'une valeur infinie; il a voulu délivrer cette image de Dieu du poids de l'existence terrestre et lui rendre, par sa doctrine et sa grâce, la dignité d'enfant de Dieu. Ainsi s'exprimait le Christianisme, en parlant de la dignité de l'homme, qu'il s'adressât au Juif ou à l'étranger, au Grec ou au Barbare, au maître ou à l'esclave. Ainsi cette parole de l'Apôtre : *Plus d'étranger, plus de Juif*, etc., *mais Jésus-Christ en tout et partout*, devint une réalité sur la terre. Quand le Christianisme parlait à l'homme de sa dignité, sa doctrine était complète. La philanthropie et le libéralisme, tronçons détachés du Christianisme parlent aussi de dignité humaine. Mais demandez-leur en quoi cette dignité consiste, ils ne pourront vous répondre. La dignité humaine ne peut être qu'un vain mot pour le matérialisme, le panthéisme, l'athéisme; l'homme n'y trouvera rien qui l'élève ou l'engage à honorer son prochain par respect pour sa dignité.

La doctrine de la dignité humaine enseignée par le Christianisme a dévoilé à toutes les classes de la société, surtout à la classe ouvrière qui languissait dans l'esclavage, le devoir incombant à chaque individu de travailler au développement de toutes ses facultés. La doctrine de l'immortalité de l'âme, celle surtout de la conscience si intimement unie avec la persévérance finale, constitue la base la plus solide du devoir pour chacun de développer ses facultés et de mettre en usage toutes ses forces. Le *self-help* du parti libéral est une nouvelle miette tombée de la table du Christianisme. L'homme doit s'aider lui-même : ce point est hors de doute. C'est vrai non-seulement au point de vue de son existence matérielle mais encore sous le rapport intellectuel. C'est une loi fondamentale de sa nature qu'il ne peut participer à tout ce qu'il y a de grand et de bon qu'en proportion du développement qu'il donne à ses facultés. Aussi le Christianisme range-t-il la paresse parmi les sept péchés capitaux ; de là le proverbe : la paresse est la source de tous les vices. Mais l'homme atteint le *self-help* réel ou pour parler plus clairement, fait un usage convenable de ses forces et de ses facultés corporelles et spirituelles, non par une répétition fastidieuse du mot *self-help* dans les associations ouvrières, mais en agissant, par des motifs qui lui font surmonter sa paresse et excitent son activité. Le parti libéral et le parti radical n'en donnent d'autres aux ouvriers que la faim ou un désir de toutes les jouissances imaginables, désir qui les excite à un travail même pénible.

A quel degré d'abaissement sont descendus ces hommes qui se sont séparés du Christianisme et de ses principes éternels !

Le Christianisme développe chez l'ouvrier la pleine connaissance de sa dignité ; il l'excite, par devoir de conscience, à agrandir autant que possible ses facultés. Mais son action ne se borne pas là. Il lui inspire des pensées qui, même dans une condition inférieure et au milieu de privations de toute espèce, satisfont son cœur et sa raison et le rendent heureux. Pascal l'a dit avec justesse : quiconque rejette les fondements de la foi parce qu'il ne les comprend pas complètement, celui-là doit renoncer aussi à se faire une idée claire et nette des choses qui se passent chaque jour sous ses yeux ; il brise le premier anneau d'une chaîne d'idées, parce qu'il est un mystère à ses yeux, mais en même temps le monde devient pour lui une série de mystères incompréhensibles. Le vrai croyant, au contraire, part d'un mystère et l'admet parce que Dieu lui-même, Dieu infini, source de notre existence, est aussi un mystère. Son humilité est récompensée ; dès cet instant, le monde est un livre dont il lit couramment les pages. L'incrédule ne veut pas le mystère ; il rejette le premier qui se présente à son esprit et aussitôt des ténèbres profondes l'environnent ; il ne peut expliquer ni sa vie, ni son origine, ni son existence, ni sa fin. Le vrai croyant s'incline avec humilité devant le premier mystère que Dieu lui offre, et son origine, son existence, ses destinées futures se déroulent devant ses yeux en tableaux inondés de lumière et de clarté. Il n'en est pas autrement des classes ouvrières. L'ouvrier qui brise le premier anneau, la révélation, qui rejette la parole de Dieu, est enlacé dans une série de contradictions perpétuelles, insolubles qui font son tourment. Tout lui parle de nature, d'ordre naturel; il semble que la vie humaine doive se développer d'une manière aussi simple et aussi naturelle que les arbres et les plantes et cependant que de mystères dans cette existence en apparence si naturelle ! Jésus-Christ a dit : « Il y aura toujours des pauvres parmi vous. » Cette parole s'est vérifiée ; nous aurons toujours des pauvres parmi nous et en grand nombre; la plupart des hommes seront obligés de gagner leur pain par un travail pénible et seront exclus des jouissances matérielles de la vie. Promettre autre chose à l'homme, c'est le rendre dupe de vaines illusions ou de grossiers mensonges. *L'existence de l'homme, dites-vous, est limitée à cette terre et la soif de bonheur qui le dévore ne peut être apaisée que par les jouissances terrestres*. Mais alors quelle intolérable antithèse entre la vie de l'ouvrier et le désir de bonheur qui le tourmente ! La plupart des travailleurs mènent une vie misérable ; ils sont obligés de se livrer à un travail pénible dès leur lever jusqu'au moment où le soir ils reposent leurs membres fatigués ; chaque jour, les plus favorisés eux-mêmes doivent se contenter de ce qui est indispensable à l'homme pour subvenir à son existence, en nourriture, vêtement et logement (et combien ne l'ont même pas !); de loin en loin seulement ils prendront une légère part aux jouissances de la vie. Et vous voulez, Messieurs les libéraux, leur faire considérer la vie à ce point de vue et leur donner une éducation en rapport avec vos idées ! Mais qu'importent donc à l'ouvrier vos réunions où l'on débite de beaux discours ? que lui font vos bibliothèques, vos concerts, vos représentations dramatiques, vos fêtes de famille, etc.? L'ouvrier sent au dedans de lui le même désir de bonheur que vous, riches capitalistes, fabricants et banquiers qui cherchez chaque jour à vous satisfaire par les jouissances les plus raffinées. S'il n'y a d'autres jouissances, d'autre vie que celle d'ici-bas, les ouvriers, la plupart des hommes ne sont que des êtres misérables, et bien à plaindre : *ils n'ont pas même une pensée pour expliquer leur existence et les contradictions qu'elle présente.* Ils sont hommes comme les riches; ils sentent le besoin d'être heureux comme ceux-ci et cependant à l'exception de l'heure où chaque semaine ils écoutent une conférence ou assistent à une fête de famille, ils sont exclus de tout plaisir, bien plus : ils sont obligés à la sueur de leur front (étrange jouissance!) de se livrer à un travail pénible pour procurer à d'autres le superflu dont eux sont privés. La vie de cet ouvrier doit lui apparaître comme une énigme, un non-sens, une injustice de ses semblables; son cœur doit se gonfler de haine et de colère contre ceux qui possèdent les biens dont il est privé. Entrez dans cette fabrique : elle appartient à un membre du parti libéral. Des centaines d'ouvriers y travaillent pour assurer les délices de l'existence à cet homme qui peut-être leur a ravi la foi et qui en un seul jour, pour étancher sa soif de plaisirs, se donne plus de jouissances qu'eux tous, tourmentés du même désir, n'en ont pendant une année entière. Représentons-nous l'un de ces ouvriers à sa dernière heure. Que pensera-t-il de l'existence, s'il met dans un des plateaux de la balance, ces journées d'un travail pénible, ces peines, ces souffrances, sa faim et de l'autre ces bribes de plaisir, qu'il a goûtées, peut-être dans l'ivresse et les querelles? Couché sur son lit de mort, ne se dira-t-il pas avec raison : mon existence va finir ; durant tout son cours, j'ai senti en moi un désir inexprimable de bonheur, de paix et de repos. Ce désir, la nature l'a placé en moi, je l'admets. Je pensais que les biens terrestres étaient seuls capables de l'apaiser. Et cependant j'en ai été privé complètement ! Ma vie entière a donc été sans but ; mon existence est pour moi une énigme indéchiffrable.

Voilà l'instruction que l'incrédulité offre aux classes ouvrières !

Mais l'ouvrier éclairé des lumières du Christianisme, voit le tableau sous d'autres couleurs. Le Christianisme est fait pour toutes les classes de la société ; Dieu veut que tous les hommes soient parfaits et heureux par Jésus-Christ. Le Fils de Dieu, en se faisant ouvrier, a voulu faire comprendre l'affection particulière qu'il portait aux classes exclues des jouissances terrestres. L'ouvrier chrétien croit la parole de Jésus-Christ bien qu'il ne puisse comprendre les mystères de la Providence : car il sait que son esprit n'est pas l'intelligence divine. De là cette clarté qui l'éclaire tous les jours de sa vie jusqu'à son lit de mort. Ses pensées sont claires, ses principes certains : ils ne l'abandonnent jamais ; ils lui font comprendre les aspirations de son âme vers le bonheur et le repos ; ils lui expliquent et lui font aimer le côté pénible et douloureux de la vie, de ses travaux et de ses privations. L'expérience de la vie lui en découvre la vérité et il y trouve le repos et la paix malgré ses souffrances. Il croit à la parabole du mauvais riche et du pauvre Lazare; il croit à la vie éternelle; il a une idée élevée de la valeur de son travail journalier, abstraction faite du prix que lui en paie son maître; il apprend par expérience à connaître des jouissances spirituelles qui ne consistent ni en festins, ni en représentations théâtrales, ni en concerts ou fêtes libérales, et qui sont pour lui un avant-goût des joies du ciel. L'expérience lui montre la main d'une Providence qui, au milieu de ses privations, lui donne des preuves de son amour paternel et divin; chaque parole de l'Evangile est pour lui une consolation, un baume, une joie; il puise dans les sources de grâce du Christianisme la force et l'énergie; la vue du Fils de Dieu, vivant dans le travail et la pauvreté, les lui fait estimer plus que la richesse et le repos. Il croit enfin en un Dieu éternel, infiniment juste, qui pèsera un jour dans la balance de sa justice, toutes nos actions, nos pensées, nos paroles et prononcera alors, sans acception de personne, sur le sort de chacun pour l'éternité. Voilà la table du festin à laquelle le Christianisme convie les classes ouvrières; ce sont les miettes qui en tombent que le parti libéral et le parti radical veulent leur servir.

Le Christianisme enfin donne à l'ouvrier les *vertus* nécessaires à son perfectionnement moral en même temps qu'à son existence matérielle, vertus qui contribuent aussi à doubler son misérable salaire et à le lui faire aimer. Il lui donne une gaîté de cœur et une paix intérieure qui allégent son travail; il lui apprend la tempérance, l'économie et la modération qui augmentent son bien-être; il lui donne les joies de la famille qui rendent le cabaret inutile pour lui; il le met en garde contre l'influence des mauvaises passions et lui conserve la force et la santé qui lui rendent le travail plus facile.

Voilà comment le Christianisme enseigne aux classes ouvrières le véritable self-help : il encourage l'homme à développer toutes ses facultés ; il lui offre la véritable éducation en lui dévoilant les vertus et les vérités qui sont seules capables de les former.

Le quatrième moyen présenté par le Christianisme aux classes ouvrières pour améliorer leur position, consiste *dans les forces sociales* dont il dispose.

On peut considérer le travailleur d'abord dans son individualité propre, avec ses forces et ses facultés personnelles. Le Maître divin compare l'homme à un intendant qui a reçu de son maître une certaine quantité de talents, celui-ci cinq, celui-là deux, un troisième, un talent. Chacun est obligé, selon les moyens qu'il a reçus de Dieu, de les employer et de les utiliser. Le serviteur paresseux qui laisse son talent sans emploi, en rendra compte à son maître. Depuis 18 siècles, le Christianisme enseigne la même chose aux hommes et aux ouvriers, et les invite à ne pas laisser inutiles les forces du corps et de l'âme qui leur ont été confiées. C'est ce que le libéralisme appelle le self-help et ce qu'il annonce au monde sous ce nom nouveau comme une découverte qui lui appartient. Nous en avons déjà parlé suffisamment.

Mais l'ouvrier peut aussi être envisagé dans ses rapports avec ses semblables. Sa vie se déroule dans une double direction : il développe et perfectionne ses propres forces ; il donne son concours et reçoit celui des autres hommes. C'est le côté social de la vie qui est aussi essentiel pour lui que le côté individuel.

L'homme ne peut se développer conformément aux lois qui lui sont imposées par Dieu sans le concours de ces deux agents. Le parti libéral qualifie ce phénomène de self-help social, terme tout-à-fait impropre comme nous avons eu occasion de le voir. Veut-il exprimer par là l'idée que l'ouvrier, affilié à une association de son choix, doit se suffire à lui-même sans le secours d'autrui, en d'autres termes que chaque association, comme telle, doit refuser tout aide étranger? Ce serait une assertion que rien ne justifie et qui est en opposition avec la manière d'agir même de ce parti qui ne cesse d'offrir son secours aux sociétés ouvrières, sous le rapport intellectuel et moral. Si l'ouvrier, si l'association se suffisent à eux-mêmes dans les limites du possible, que, par suite, ils ne réclament pas l'aide d'autrui pour servir de manteau à leur paresse personnelle, ils ont tous deux un droit naturel et rationnel d'accepter le secours qui leur est légitimement offert, quand il leur est offert, et chaque fois que leurs intérêts l'exigent. Ajoutez que la vie en société est une loi naturelle et fondamentale de l'humanité. Le Christianisme peut donc favoriser de la manière la plus heureuse la tendance moderne de venir en aide aux classes ouvrières par des associations. Ce serait une grande folie de notre part de nous tenir à l'écart de ce mouvement, parce que l'impulsion part principalement d'hommes hostiles au Christianisme. L'air conserve ses propriétés quoique l'impie le respire, et le pain que nous mangeons n'en est pas moins la nourriture que Dieu nous donne, quoique pétri par un boulanger incrédule. Il en est de même des sociétés ; l'esprit d'association repose sur l'ordre divin et est essentiellement chrétien, quoique les hommes qui le favorisent n'y reconnaissent pas le doigt de Dieu et en fassent souvent un mauvais usage.

L'association n'est pas seulement légitime en soi et digne de notre appui, mais le Christianisme possède encore les éléments indispensables pour la diriger et lui faire produire d'heureux fruits pour les classes ouvrières. Il en est de même sous ce rapport que pour l'éducation. Ces propositions du parti libéral sont des emprunts qu'il a faits au Christianisme. De même que les grandes vérités qui relèvent l'ouvrier (son individualité et sa personnalité) appartiennent au Christianisme; de même aussi, le Christianisme possède les grandes idées et les forces vives capables de rendre les associations vivantes et prospères. Ce n'est pas sans raison que nous appelons corps certaines associations. Le corps est l'union la plus complète des parties qui sont liées entre elles par le principe suprême de la vie, par l'âme. Nous appelons donc corps ces associations qui ont pour ainsi dire une âme, unissant entre elles les différents membres. Or, c'est là le caractère distinctif des associations chrétiennes. Le but immédiat d'une association peut être exclusivement terrestre, un objet de la vie commune; si elle est composée d'éléments chrétiens, elle en recevra un esprit d'union plus élevé. L'essence du Christianisme se révèle surtout dans la sphère sociale. Son but est de réaliser d'une manière plus sublime la donnée du libéralisme pour le salut du peuple par les associations.

Le commandement divin : Tu aimeras le Seigneur ton Dieu par-dessus toutes choses et ton prochain comme toi-même, renferme, dit St-Augustin, trois commandements fondamentaux, celui d'aimer Dieu, celui de s'aimer soi-même, celui d'aimer son prochain. Quiconque aime vraiment Dieu par-dessus toutes choses, dit le même saint, ne doit pas craindre de voir dégénérer l'amour de lui-même; car l'amour de soi, source de tous les maux, lorsqu'il dégénère, est réglé et dirigé par l'amour de Dieu, de telle sorte qu'il ne franchit jamais les limites imposées par la Providence divine pour faire régner l'harmonie entre tous les êtres. L'amour de soi dirigé par l'amour de Dieu devient aussi la mesure la plus parfaite de l'amour du prochain. En effet, de même que l'homme qui aime le bien infini et absolu par-dessus toutes choses et de toutes ses forces, trouve dans cet amour la règle la plus parfaite de l'amour de soi, et ne reconnaît, ne souffre et n'aime en lui-même que ce qui est conforme à cette règle, de même il trouve dans cet amour de soi, purifié et éclairé par l'amour divin, la règle la plus sûre de son amour pour le prochain. Il n'y a riende plus parfait, et l'esprit humain ne peut rien concevoir de plus sublime, que d'observer le commandement: « Tu » aimeras ton prochain comme toi-même » ou, comme le dit encore le divin Maître: « Fais aux autres ce que » tu voudrais qu'ils te fissent à toi-même » et de l'appliquer à tous les hommes sans distinction. Le Christianisme tout entier, toute sa doctrine n'est que le développement de ce commandement; les moyens de la grâce ne sont que des remèdes dont la nature humaine, corrompue par l'égoïsme, a besoin pour s'élever de nouveau à cette sublimité de l'amour divin. C'est la force vivifiante, le principe élevé de vie que le Christianisme communique à toutes les associations qui s'appuient sur lui, quel que soit le but pour lequel les membres se sont associés; que les ouvriers unissent leurs efforts pour s'aider mutuellement dans les nécessités de la vie; que d'autres s'associent dans des buts scientifiques, lorsqu'ils le font comme chrétiens et dans un esprit chrétien, ils ont, à côté de ce but, *un lien plus sacré, plus relevé, qui resserre les membres et à leur insu fait d'une simple association un corps, vivant d'une vie intérieure, comme tout autre être doué d'une âme.* Telles étaient les associations au temps où l'esprit chrétien vivifiait les institutions. Sans que les hommes réunis pour les buts les plus divers en eussent conscience, chaque association prenait la forme d'une corporation jouissant d'une homogénéité vivante, morale et spirituelle. De là vient l'immense différence qui les sépare des associations modernes. Dans celles-ci, le seul lien qui unit les membres est le but commun. La société de consommation donne à ses membres le pain à meilleur marché, les caisses d'avances leur fournissent le numéraire à un taux d'intérêt moins élevé, les associations pour l'acquisition de matières premières leur procurent celles-ci à un prix inférieur, etc. Le but de l'association constitue toute sa vie, et, au delà de ce but, la société n'a pas d'autres liens. L'égoïsme, avec toutes ses attaques contre le droit du prochain, menace à chaque instant la réalisation du but commun. Lorsque au contraire les hommes se réunissent dans un esprit chrétien, il se forme entre eux, outre le but de l'association, qu'ils le sachent ou non, un lien plus élevé qui répand sa lumière sur tous les associés comme un soleil bienfaisant. La source de la lumière, de la vie, de la force, existe pour eux dans la foi et la charité. Avant la nouvelle association qu'ils forment, ils étaient réunis en cet arbre de vie planté par Dieu sur la terre; cette union intime donne la vie à la nouvelle société. En d'autres termes, les associations chrétiennes sont des organismes vivants, animés d'un principe vital interne; celles du libéralisme moderne sont des agglomérations matérielles d'hommes, unies seulement par le principe de l'intérêt actuel. L'avenir du mouvement appartient donc au Christianisme. On a dissous les anciennes associations chrétiennes, et l'on s'occupe aujourd'hui de faire disparaître les derniers débris, la dernière pierre de cet édifice admirable: on veut en élever un autre. Mais c'est une misérable hutte, un édifice bâti sur le sable. Le Christianisme doit construire de nouveau et rendre aux sociétés ouvrières leur véritable valeur, leur vitalité et leur utilité réelles.

Jusqu'à présent en parlant des tentatives faites pour secourir les classes ouvrières par des associations, nous n'avons parlé que de celles du parti libéral, elles consistent presqu'exclusivement dans les associations fondées par Schulze Delistch. Disons quelques mots maintenant de deux autres essais qui ont pour objet les ouvriers exerçant un métier. Ils peuvent acquérir une grande importance et par suite méritent d'être encouragés par les chrétiens.

Parlons d'abord de la Société d'artisans fondée il y a quelques années et qui a pour but de les réunir en association. La pensée qui sert de base à cette tentative, est parfaitement légitime; elle doit recevoir une solution. Nous souhaitons de grand cœur qu'elle puisse arriver à un résultat. Si les gouvernements, sans suivre les inspirations du parti libéral dont je n'attends rien de bon dans aucune sphère, mais librement et en s'éclairant pouvaient donner à la classe des artisans une organisation qui lui permît de se développer en association vigoureuse et de recouvrer l'indépendance nécessaire, nous regarderions cette mesure comme l'une des plus importantes et des plus bienfaisantes, dont on ne peut d'avance indiquer les résultats. Mais il faut presque désespérer de voir nos gouvernements actuels prendre une initiative créatrice. Il importe d'autant plus que toutes les forces fécondes du Christianisme s'unissent pour encourager cette tendance.

La seconde tentative que nous devons mentionner, ce sont les associations d'apprentis. Comme elles sont principalement nées de l'initiative catholique, nous pouvons les considérer comme un essai catholique pour la solution de la question ouvrière. Les résultats obtenus dépassent déjà toute attente et nous montrent en même temps ce qu'elles pourront devenir dans l'avenir. Dieu s'est servi d'un apprenti pour commencer l'entreprise. Il l'a élevé à la prêtrise et le digne M. Colping, cet ancien apprenti, est devenu le père de ses compagnons d'autrefois. Puisse Dieu lui donner le temps de consolider son œuvre! La réussite est certaine si l'idée d'association, appuyée sur l'esprit du Christianisme, se développe de plus en plus dans ces sociétés et en fait les membres vivants d'un corps.

Le cinquième moyen de venir en aide aux classes ouvrières consiste dans la création d'*associations de production* avec les ressources dont le Christianisme seul dispose.

Nous avons reconnu l'essence de ces associations dans la participation des ouvriers à l'exploitation. L'ouvrier y est à la fois entrepreneur et ouvrier et a ainsi une double part aux produits de l'exploitation, son salaire et sa part dans le bénéfice proprement dit.

Il est superflu de faire ressortir l'importance des associations de production au point de vue de l'amélioration de la position des classes ouvrières. Nous ignorons s'il sera jamais possible de faire participer tous les ouvriers ou une partie d'entre eux aux avantages qu'elles présentent. Mais cette idée renferme quelque chose de magnifique qui mérite au plus haut point notre attention et notre sympathie. Elle offre, si elle est réalisable, la solution la plus directe et la plus convenable du problème posé. En effet : non-seulement elle procure à l'ouvrier un salaire réduit par la concurrence à son extrême limite, mais elle lui donne encore une nouvelle source de revenus. Lassalle veut réaliser ce projet au moyen d'avances faites par l'État. Nous avons dit que ce moyen était, à nos yeux, une atteinte à la propriété privée ; qu'il excédait les bornes légitimes du droit d'impositions appartenant à l'État, en tant qu'on voulût l'appliquer comme principe général, c'est-à-dire comme une obligation légale, pour les classes aisées, de fournir aux ouvriers les capitaux nécessaires par un impôt levé sur la fortune des premiers. Nous avons ajouté que nous doutions qu'il pût être mis à exécution sans amener des troubles et du désordre dans la société. L'éminent professeur Huber propose de réaliser l'idée en partie par l'initiative privée des ouvriers, en partie par des dons volontaires et de commencer partout sur une petite échelle. La difficulté de se procurer les capitaux nécessaires est donc l'obstacle à l'établissement des associations de production. Les grands industriels sont de riches capitalistes ou des sociétés disposant de millions. Ces capitalistes, ces sociétés rendent impossible la concurrence des industries de même nature que la leur, si celles-ci n'ont pas dans leurs mains des capitaux importants. Les entreprises de pauvres ouvriers dont le capital est nul ou presque nul seront formellement écrasées par ces maisons colossales dont la puissance augmente chaque jour. Où les travailleurs doivent-ils puiser les capitaux qui leur sont nécessaires? Si le plan de Lassalle est illégitime et irréalisable, comme nous en sommes convaincus et si par suite il n'y a d'autres moyens que ceux proposés par Huber, on serait tenté d'abandonner l'idée magnifique des associations de production comme une brillante fantaisie, ou tout au moins de renoncer à la réaliser dans des proportions telles qu'elle procurât un soulament à une partie notable de la classe ouvrière. Elle n'en conserve pas moins sa valeur si elle peut servir à sauver un seul de ceux qui sont sur le point de faire naufrage. Le salut d'un seul est sans doute bien peu de chose en comparaison de la position malheureuse des autres. Au point de vue purement humain, je serais tenté d'en dire autant des associations de production pour les classes ouvrières. Je crains qu'avec les moyens que nous offre la société, on ne réussisse jamais à leur donner une extension en rapport avec les exigences du nombre des ouvriers et l'étendue de leurs misères. Qu'importe à cette masse innombrable d'ouvriers disséminés sur la surface du globe que par-ci par-là, grâce à des circonstances exceptionnellement favorables, quelques-uns d'entre eux réussissent à fonder une association semblable et à se procurer une existence plus supportable, tandis que leurs frères réduits à leur salaire, périssent de faim et de misère?

Chaque fois que j'ai examiné cette situation et pesé les difficultés, chaque fois aussi j'ai senti naître en moi la certitude et l'espérance que les aspirations puissantes du Christianisme s'empareront de cette idée et la réaliseront sur une grande échelle. De grands capitaux sont nécessaires; loin de moi la pensée que subitement et partout la classe ouvrière sera secourue par ce moyen. Mais je vois cette réalisation dans l'avenir et j'espère que des âmes chrétiennes en jetteront les bases tantôt dans un pays, tantôt dans un autre. Dans toutes ces tentatives, le Christianisme est une force qui agit à l'intérieur, marche à pas lents, mais réussit infailliblement à produire les choses les plus sublimes et les plus inattendues pour le salut de l'humanité. Sans doute, bien des incidents surgiront avant que cette influence du Christianisme produise tous ses effets. Il lui a fallu des siècles pour obtenir des vieux Romains l'affranchissement en masse de leurs esclaves. Bien des Schulze Delitzch apparaîtront encore, annonçant le salut aux classes ouvrières, avant que la dernière tour bâtie par le dernier d'entre eux s'écroule sur elle-même et que le pauvre ouvrier fasse de nouveau la triste expérience qu'il a joué le rôle de dupe et que ses espérances étaient vaines. Le monde tentera peut-être de mettre en pratique le système de Lassalle. Les grands désastres qui naîtront de cette arme dangereuse, surtout si elle tombe aux mains des démagogues, lui apprendront que la démocratie est impuissante à guérir ses misères, si elle bâtit ses idées philanthropiques sur le sable des perspectives humaines au lieu de les édifier sur le rocher du Christianisme. Nous ignorons donc quand et comment le Christianisme sauvera par ce moyen les classes ouvrières. Au contraire, nous ne doutons pas qu'il ne réalise un jour ce que cette idée renferme de vrai, de bon et de praticable. Sans doute la seule classe de la société qui puisse agir efficacement, je veux parler de la plupart des riches négociants, des grands industriels et des grands capitalistes, est bien éloignée du Christianisme ; elle forme aussi la puissance active, payante du parti libéral. Le Christianisme compte cependant parmi elle de fidèles défenseurs et ce qui manque aux autres ne durera pas éternellement. Il fut un temps où les vieilles familles patriciennes de Rome, dans lesquelles des centaines d'esclaves étaient occupés uniquement à la parure de leur maîtresse, étaient aussi éloignées du Christianisme. Et cependant une autre ère commença où les descendants de ces familles affranchissaient les esclaves, employaient leur fortune tout entière à couvrir l'Italie d'établissements de charité pour les esclaves pauvres et y sacrifiaient même leur vie par amour de Jésus-Christ. C'est que l'influence du Christianisme est admirable ! Son ennemi d'hier tombe aujourd'hui à genoux aux pieds de la Croix, et le fils donne son sang par amour pour ce Dieu que blasphémait son père ! Néanmoins, que la volonté de Dieu soit faite. Le Christianisme offre tant de ressources que si Dieu veut incliner le cœur des chrétiens vers ces idées, il ne leur sera pas difficile de réunir peu à peu les grands capitaux nécessaires à la création des associations de production. Il y a deux systèmes d'impôts, celui de l'Etat et celui du Christianisme. L'un, adopté par l'Etat, emploie la contrainte et les lois, les rôles et les porteurs de contrainte ; l'autre, celui de l'Eglise, est basé sur la loi intime de l'amour; elle a pour rôle, pour taxe et pour contrainte la libre volonté et la conscience. Les grands Etats de l'Europe s'écroulent avec leurs systèmes d'impôts, et leurs embarras financiers ont donné naissance à ce mystère d'iniquité et de corruption, à ce réseau de spéculations de bourse et à la corruption morale qu'elles engendrent. Le Christianisme, au contraire, avec son système d'impôts, a toujours trouvé d'abondantes ressources pour toutes ses grandes entreprises. Quelles sommes n'a-t-il pas déjà réunies en s'adressant au cœur et à la conscience des bons chrétiens ? Voyez tous nos temples, tous nos monastères, toutes nos institutions de charité pour toutes les misères et les infirmités imaginables, toutes nos cures et nos évêchés répandus sur la surface du globe, tout l'argent réuni pour les pauvres, toutes nos écoles et nos établissements d'éducation, et nos vieilles universités. Ils doivent, à peu d'exceptions près, leur fondation à des dons volontaires. Quelle idée ne doit-on pas avoir, après cela, de la force vivifiante du Christianisme ? Tel il était dans les temps anciens, tel nous le retrouvons aujourd'hui. Si nous comptions toutes les institutions de bienfaisance créées pendant notre vie au moyen de dons volontaires, à quelle somme n'arriverions-nous pas? Ce sont eux qui ont procuré au Saint-Père 22 millions dans l'espace de cinq années. Nos adversaires peuvent penser ce qu'ils veulent de l'utilité de l'emploi qu'ont reçu ces fonds; ils sont néanmoins forcés de reconnaître qu'une Eglise capable de si grandes choses, possède une force interne qui leur fait défaut. Comment, en présence de ce spectacle, supposer que le Christianisme ne pourra réunir les fonds nécessaires à la création d'institutions utiles aux classes ouvrières ?

Ce qui, dans le Christianisme, a enflammé les cœurs pour toutes les œuvres de charité, c'est le feu surnaturel apporté dans le monde par Jésus-Christ; c'est lui qu'il a désigné par ces paroles : J'ai apporté un feu dans le monde et mon unique désir est qu'il brûle. Ainsi naissent les œuvres chrétiennes. De cette mer ignée de l'amour divin se détache une étincelle qui tombe tantôt dans un cœur, tantôt dans un autre; et si elle y allume un incendie, alors elle produit les grandes œuvres et les sacrifices volontaires d'où naissent de grandes, d'admirables choses. Là est mon espoir, là est ma confiance dans l'avenir. Chaque nouveau naufrage des efforts humains pour aider les classes ouvrières, nous rapproche de l'époque où Dieu se lèvera à son tour et où le Christianisme sauvera l'ouvrier.

Puisse Dieu dans sa bonté susciter bientôt ces hommes qui importeront cette idée féconde des associations de production sur le sol du Christianisme et l'y feront prospérer pour le salut des classes ouvrières. La plupart des ouvriers dans nos districts manufacturiers les plus peuplés sont entre les mains d'hommes incrédules; ils sont réduits à vivre de leur salaire; leur existence est doublement en péril. Non-seulement leur vie dépend d'un salaire qui peut leur faire défaut à tout instant ; ils sont encore menacés par les riches fabricants d'en être réduits à vendre pour ce mince salaire, leurs croyances et leurs consciences. C'est là ce qui révolte et irrite dans cet esclavage des temps modernes. Le malheureux ouvrier est obligé de travailler pour ces maîtres et tombe sous leur dépendance. Combien d'entre eux usent de l'influence que leur donne cette nécessité pour arracher la religion de son cœur. J'ai dit : que leur donne cette nécessité. Car si l'on me répond que l'ouvrier est libre de travailler, je soutiens que cette liberté est un leurre. Il en est de cette liberté comme de la concurence et de tout le système économique du parti libéral : ce n'est qu'une illusion et l'antithèse perpétuelle de la réalité. Le pauvre ouvrier vit près de son foyer domestique, dans le voisinage de l'établissement. On lui dit : Si vous aviez la liberté d'émigrer, vous pourriez gagner votre pain ailleurs. Comment ? cet homme peut se mettre en route avec sa femme et ses enfants pour tenter cet essai ! Que son salaire fasse défaut un seul jour : il meurt de faim. Comment pourrait-il, dans l'espoir de trouver de l'ouvrage, voyager des semaines peut-être, et non-seulement se priver de son salaire mais encore payer les frais de voyage ! Il irait au-devant de la mendicité et de la mort ; il n'y a pas pour lui de liberté d'émigration ; il ne peut en user ; la nature l'a rivé à son foyer natal. Le parti libéral lui dit encore : la liberté des professions existe, tu peux en choisir une autre, ne pas te contenter du salaire quotidien de la fabrique ; si tu le fais, ce sont tes affaires. C'est encore un mensonge. Le pauvre ouvrier dont nous parlons est père de famille. Il a travaillé dans la fabrique durant les dix plus belles années de sa jeunesse ; il y a exposé la fleur de sa santé. Grâce à la division du travail, il n'y a acquis d'autre habileté que de confectionner telle pièce d'un tout. La durée de son existence est au maximum de 40 ans et il commence à ressentir les atteintes de la maladie à une époque où ses besoins augmentent. Que le parti libéral parle tant qu'il veut à cet homme de liberté des professions, il n'y en a pas plus pour lui que de liberté d'émigration (c'est cependant la situation de tous les ouvriers arrivés à un certain âge). Si cet homme ne veut pas mourir de faim, il doit rester avec sa famille là où il est, continuer son travail ordinaire. Il doit travailler chez ces fabricants et cette nécessité est pour lui aussi impérieuse que pour l'esclave à qui on l'inculque au moyen des chaînes et du fouet. Voilà la position d'innombrables ouvriers dans les districts manufacturiers! Ajoutez à cela qu'on abuse encore souvent de la misère de ces malheureux placés sous la dépendance de leurs maîtres (et ils en ont conscience) et que sous prétexte d'humanité et de tolérance, on les tue religieusement et moralement. Qui ne connaît ces grands fabricants dont les établissements sont des écoles où nos frères, notre jeunesse chrétienne surtout, apprennent la débauche, le mépris de la religion et toute espèce de mauvaises passions. Quelle influence n'aurait pas la création de sociétés de production, sur des bases chrétiennes, au milieu des territoires de ces esclaves blancs; qu'arriverait-il si la charité, après avoir réuni les capitaux nécessaires, conviait tous les ouvriers à se rendre à l'atelier de la société à condition que la partie du bénéfice qui ne doit pas servir à l'exploitation et au fonds de réserve, deviendra leur propriété? Les résultats seraient grands, et l'influence pernicieuse de l'industrie détachée de Dieu serait peut-être brisée à jamais. Puisse l'attention de tous ceux qui, poussés par l'esprit chrétien, s'occupent des misères des classes ouvrières et des moyens d'y remédier, se tourner aussi vers cet objet. Puisse ce Dieu susciter des hommes doués de la volonté et de la capacité suffisantes pour travailler à ce but. Si l'on commençait par ces branches de l'industrie qui ne nécessitent pas l'emploi de grands capitaux et qu'on ne donnât pas à l'origine une trop grande extension à l'entreprise, l'exécution ne serait pas difficile. On trouve encore aujourd'hui des hommes qui se sentent animés du désir de faire du bien à leurs semblables.

Autrefois l'Église a vu les sacrifices de la noblesse donner naissance à une partie de ses grands monastères. Il me semble que rien ne serait plus chrétien et plus agréable à Dieu qu'une corporation ayant pour but de créer des associations de production chrétiennes dans les endroits où les souffrances des ouvriers sont les plus grandes.

Mais avant tout, il est nécessaire que l'idée de ces associations, la manière de les fonder devienne claire et soit examinée sous toutes ses faces. Lorsque tout le monde reconnaîtra leur importance pour les classes ouvrières, que celles-ci mêmes en seront pénétrées, que la plupart seront vivement convaincus des grands avantages qu'elles offrent et qu'en même temps on saura sous quelle forme et par quels moyens l'idée est réalisable, alors seulement nous pourrons espérer de voir se multiplier les tentatives en faveur de leur établissement.

CHAPITRE VIII.

CONCLUSION.

Le but de cet écrit est de montrer aux ouvriers et à tous ceux qui s'occupent avec amour de leurs intérêts, *que le Christianisme seul possède les moyens infaillibles d'améliorer la position des classes ouvrières; que sans lui cette position s'aggravera de jour en jour malgré toutes les tentatives d'y remédier, et se rapprochera de celle qu'elles occupaient dans l'antiquité payenne.*

L'histoire est le témoin irrécusable de la vérité de notre assertion. Tout ce que nous avons dit résulte de l'ensemble des faits historiques et en prouve l'exactitude.

Le peuple si éclairé des *Grecs* dont la civilisation nous est encore présentée comme un modèle, méprisait le travail manuel. Le Grec libre regardait l'exercice d'un métier comme une honte et une injure. L'idée du *self-help* par le travail était inconnue chez eux. Le travail manuel était l'occupation des esclaves. Les dieux de la Grèce dont la gloire a été célébrée par le plus aimé de nos poëtes, n'avaient pas de cœur pour les ouvriers, pour les esclaves. Il y avait dans l'Attique d'après Démétrius de Phalère 20,000 citoyens grecs et 400,000 esclaves des deux sexes; à Sparte 36,000 citoyens, 244,000 Ilotes et 120,000 Périeuques, qui tous étaient esclaves; à Corinthe on comptait 460,000, à Egine 470,000 esclaves. Les philosophes grecs enseignent que l'esclavage est une institution naturelle, qu'il ne peut être aboli. Ils ne pressentaient même pas que la classe ouvrière pût être élevée à la position que lui a faite le Christianisme. Pour eux l'esclave était une chose comme une autre, susceptible de propriété privée; il n'était qu'un instrument au service de l'homme libre. Les plus célèbres étaient d'avis que l'esclave est mauvais et corrompu de sa nature; que ses actions n'avaient d'autre mobile que la crainte et la sensualité. Platon lui-même conseille de les traiter durement, de les corriger sévèrement et regarde comme l'indice d'une bonne éducation, le mépris de l'esclave. *Voilà l'état des classes ouvrières sous l'empire des dieux de la Grèce.*

Il en était de même à Rome. Les Romains partageaient les idées de la Grèce sur l'esclavage et le travail. Dans l'origine, l'agriculture et certains métiers étaient à la vérité en honneur. Mais cet état fut de courte durée et enfin tout travail manuel, l'agriculture et l'exercice d'un métier étaient l'affaire de l'esclave. On abandonnait à ses soins ce qui fait l'occupation de nos ouvriers chrétiens. La manière de les traiter était encore plus cruelle et plus horrible que chez les Grecs. Les cruautés qui se commettaient journellement dans l'empire romain animé de l'esprit du paganisme, révolteraient aujourd'hui le monde entier où le souffle puissant du Christianisme a réveillé le sentiment. L'existence de l'esclave n'avait d'autre but que la satisfaction des désirs de leurs maîtres. Ainsi les Romains ne connaissaient pas de plus grandes jouissances que d'assister à ces jeux sanglants où les esclaves tantôt étaient mis en présence de lions et de tigres affamés qui les mettaient en pièces, tantôt luttaient entre eux dans les combats des gladiateurs; l'allégresse de ce peuple consistait à contempler leurs plaies béantes, à assister à leur agonie. *Voilà la situation des classes ouvrières sous les dieux de Rome.*

Nous la retrouvons identiquement la même chez les autres peuples payens, même chez nos ancêtres. Chez eux aussi le travail était l'occupation des esclaves. Leur occupation à eux était la guerre, la chasse, sinon ils se reposaient indolemment ou passaient leur temps à jouer et à boire. Chose remarquable! l'agriculture, ce travail qui fut en honneur chez les premiers Romains et a donné naissance à notre population agricole, était méprisée. Les champs étaient cultivés par les esclaves et les femmes. Ajoutons toutefois que la position des esclaves occupés aux travaux des champs était meilleure que chez les Romains.

Chez les Juifs seuls, la position était différente, preuve nouvelle de la destination providentielle de ce peuple. Nous y retrouvons à la vérité une espèce d'esclavage. Mais de même que le peuple juif subsistait au milieu des autres peuples comme un témoin et un monument des miséricordes divines, annonçant au monde la venue d'un Sauveur qui délivrerait à la fois l'esprit et le corps des chaînes de l'esclavage, de même aussi l'esclavage était déjà à moitié aboli chez les Juifs; il y avait dépouillé son caractère payen, le mépris et la cruauté. L'esclavage juif était unique sur la terre, l'idée juive du travail ne trouvait pas d'écho. Le Juif travaillait côte à côte avec son esclave; il lui accordait le repos du Sabbat et était obligé de lui reconnaître certains droits (1).

Jésus-Christ a fait sortir le monde de cette situation misérable. Il a non-seulement délivré les âmes des chaînes du péché et de l'erreur; il a encore donné aux classes ouvrières une nouvelle existence. Cette vérité sublime des Saintes Écritures : Dieu a créé l'homme à son image et à sa ressemblance, était tellement enfouie sous la dégradation et la misère de la grande masse de l'humanité, des esclaves, que tout souvenir en était effacé. Jésus-Christ l'a annoncée de nouveau aux hommes, même aux plus pauvres et aux plus malheureux. Il a brisé de sa main puissante les chaînes de l'esclavage si fortement rivées qu'on le considérait comme une loi naturelle, une condition native de l'homme; et dès lors elles commencèrent à tomber des bras qu'elles liaient. Mais la manière dont s'opéra cette délivrance est encore plus admirable que le fait lui-même.

(1) Nous ne pouvons nous empêcher de faire remarquer ici que seul dans l'antiquité païenne l'esclave juif, sous l'influence de la révélation divine et de la rédemption, jouissait hebdomadairement d'un jour de repos : tous les autres portaient le rude joug du travail chaque jour de l'année, un ou deux excepté. Dans le Christianisme le repos des dimanches et jours de fête devint le moyen principal d'adoucir la dureté du travail domestique. Plusieurs Conciles obligèrent les maîtres, sous des peines spirituelles sévères, d'accorder à leurs serviteurs dès la veille de la solennité, le repos des jours de fête. Avec quelle joie, ces prescriptions ne durent-elles pas être accueillies par ces hommes à qui le repos après un rude travail était inconnu? De nos jours, nous voyons cette influence bienfaisante pour l'ouvrier disparaître dans les pays où l'esprit du Christianisme est en décadence et la situation payenne se reproduire au moins telle qu'elle était à l'origine. Que de domestiques, d'ouvriers de fabrique, d'apprentis, d'employés de chemin de fer ne connaissent plus de jours de repos! Tant il est vrai que les mêmes causes produisent toujours les mêmes effets!

Möhler remarque avec raison que c'est peut-être l'acte le plus remarquable du Christianisme d'avoir amené l'abolition de l'esclavage *sans que les esclaves chrétiens fissent une seule tentative pour l'obtenir par des moyens violents*. L'histoire de l'Église ne mentionne pas un seul cas, où la prédication de l'Évangile, ait fait révolter les esclaves pour briser leurs chaînes ou tuer leur maître. L'apôtre St-Paul nous montre par un exemple, comment le Christianisme s'y prend pour résoudre ce problème. L'esclave Onésime s'étant enfui de chez son maître vint à Rome et se convertit au Christianisme. St-Paul le renvoya à son maître avec une lettre (celle à Philémon) que l'on peut considérer comme l'acte d'émancipation anticipé de tous les esclaves dans le nouvel empire chrétien. Si les chrétiens devaient traiter leurs esclaves comme Paul le demandait à Philémon dans sa lettre, l'esclavage devait finir et son abolition devait être pacifique. *Si tu me considères comme un frère*, écrivait le grand apôtre, *reçois le comme moi-même; non plus comme esclave, mais comme un frère bien aimé qui m'est cher et qui doit l'être encore plus pour toi* (17.16). Et ce n'étaient pas là de vaines paroles: *confiant dans ton obéissance*, et St-Paul pouvait le dire, *je t'ai écrit parce que je sais que tu dépasseras mes conseils*. Et les chrétiens les dépassaient en effet. Ils traitaient leurs esclaves non-seulement comme des frères en Jésus-Christ, il leur rendaient encore peu à peu leur liberté. Ainsi Jésus-Christ vainquit l'esclavage en proclamant des vérités éternelles. Les traces extérieures de la maladie disparaissent à mesure que les corps reviennent à la santé. C'est ce qui arriva à l'humanité sous l'influence du Christianisme. Dieu a placé dans le monde un levain spirituel, qui pénètre peu à peu dans les masses et les soulève. Il guérit les hommes parce que tous les malheurs ont leur origine dans les maladies internes ; il guérit en même temps les âmes, parce que l'âme est le siége de toutes les maladies extérieures qui atteignent les hommes. Ainsi se brisèrent peu à peu dans la suite des siècles les chaînes de l'esclavage par une influence interne admirable. Au moyen-âge son règne avait cessé dans la plupart des Etats chrétiens. Dès lors l'ouvrier chrétien, l'industrie chrétienne prirent la place des esclaves du paganisme, le travail et sa dignité se transformèrent de telle sorte que ce qui était une honte pour les payens est devenu une source de vertu et d'honneur pour les chrétiens.

Si l'histoire prouve que Jésus-Christ et le Christianisme seuls sont venus en aide aux classes ouvrières et que par suite seuls dans l'avenir, ils peuvent amener une solution de la question ouvrière, je dois cependant faire disparaître une équivoque qu'on pourrait tirer de ces paroles. On voudrait agir aujourd'hui avec Jésus-Christ comme les Romains avec leurs dieux. Il y avait à Rome un grand temple, le Panthéon, c'est-à-dire, un temple pour tous les dieux, et les Romains y installèrent les dieux de tous les peuples qu'ils soumirent peu à peu à leur empire. Les divinités des peuples vaincus obtinrent ainsi l'insigne honneur d'être reçus au nombre des dieux de Rome et d'acquérir le véritable caractère de Dieu. Les fausses doctrines veulent aujourd'hui bâtir un temple semblable ; *J.-C. y aurait sa place parmi les* de la Grèce et de Rome, Zoroastre, Confucius, Cakya-Mouni, Socrate et toutes les divinités, tous les faux prophètes de nos jours. Ainsi parle-t-on de Jésus-Christ et du Christianisme. Tous les sages du monde sont ses égaux. Si nous admettons cette manière de voir, on consent à le considérer comme le sage des sages. Telle est la grande hypocrisie dont les penseurs modernes voudraient rendre le Christianisme complice. Le loup veut s'introduire dans notre bergerie sous cette peau de l'agneau. Tout mensonge sera alors exposé avec une enseigne chrétienne et sous les auspices du Christianisme. On a trouvé le moyen d'abuser de ce mot sacré dans tous les sens possibles. Depuis que le Christianisme a été introduit dans le monde, ses ennemis ont toujours été nombreux; il a soutenu des luttes même sanglantes pour maintenir la pureté de sa doctrine, ses institutions, ses lois et ses sacrements. Dans le sens hypocrite moderne, il ne peut plus y avoir d'adversaire du Christianisme; toute fausse doctrine, tout enseignement nouveau aura le droit de se dire chrétien; les bourreaux mêmes qui ont crucifié Jésus-Christ peuvent dans ce sens, se vanter d'être chrétiens, amis et partisans des chrétiens. C'est la plus infâme duperie qui ait jamais été pratiquée à l'égard du peuple et des ouvriers. Le monde est rempli d'hommes qui crucifient Jésus-Christ spirituellement; si ceux qui croient en Jésus-Christ les attaquent, ils répondent qu'eux aussi sont les vrais représentants du Christianisme véritable. Voilà notre déplorable situation dans les temps modernes et c'est le plus rude assaut que le Christianisme ait encore eu à soutenir. Si les noms de tous ceux qui sous le titre de chrétiens attaquent l'Église chrétienne étaient connus, nous y trouverions une foule de Juifs et un nombre tout aussi considérable d'audacieux impies qui se font passer chaque jour aux yeux du peuple pour les vrais représentants du Christianisme. Aussi quand je parle dans cet écrit des bienfaits du Christianisme pour les ouvriers, je n'ai eu en vue que le vrai Christianisme, basé sur la croyance à la divinité de Jésus-Christ, qui puise en Jésus-Christ sa force et sa sainteté divine et qui a changé la face de l'humanité. Ce Christianisme *de tout le monde* est une idole qui n'a pas tué l'esclavage antique et qui est incapable de préserver dans l'avenir les ouvriers de la puissance d'un égoïsme sans cœur. Si les premiers chrétiens avaient laissé placer Jésus-Christ dans le Panthéon, ils n'eussent pas été poursuivis et martyrisés ; on les eût soufferts dans l'empire romain, comme les serviteurs des autres dieux nationaux. Dès sa première apparition, le Christianisme s'est proclamé la *seule vraie religion* et cette prétention est basée tout entière et exclusivement sur la croyance à la divinité de Jésus-Christ. Jésus-Christ lui-même est mort pour cette vérité; cette croyance a attiré sur les chrétiens le poids de la haine du monde. Tous les autres qui se font passer pour chrétiens ressemblent aux bourreaux qui crucifient Jésus-Christ et revêtent en le faisant les habits d'un disciple du Seigneur. Jésus-Christ, fils du Dieu vivant, peut seul venir en aide aux classes ouvrières. Le jour où la croyance en lui et en son esprit aura pénétré dans le monde, la question ouvrière sera résolue. Si au contraire, cette croyance disparaît de l'humanité, si l'esprit que représente le parti libéral continue à se répandre, toutes les tentatives faites pour relever les classes ouvrières échoueront, les ouvriers retomberont dans la position où ils se trouvaient lorsque les dieux de Rome régnaient au Panthéon. Puissent les classes ouvrières reconnaître cette vérité! Puissent-elles s'éloigner de ces faux amis qui leur ravissent la croyance en la divinité de Jésus-Christ. Ce sont ses ennemis les plus mortels et les plus dangereux, ce sont les précurseurs de cet esprit qui leur forgent des chaînes.

La pensée que le Christianisme seul uni avec Jésus-Christ qui renferme la plénitude de la divinité comme dit l'Apôtre, possède la force surnaturelle et divine qui doit sauver les classes ouvrières, me conduirait naturellement à cette autre qui serait ma conclusion: que l'*Église catholique* seule est l'institution créée par Dieu *pour conserver et propager cette vraie croyance, cette adoration de la divinité de Jésus-Christ* et les immenses bienfaits qui en découlent pour l'humanité. Mais je n'ai pas seulement écrit pour les catholiques, mais aussi pour tous ceux qui aiment les classes ouvrières et ont avec nous une croyance commune en la divinité de Jésus-Christ le Fils de Dieu. J'ai craint par suite de restreindre le cercle de mes lecteurs. Je renonce à développer cette thèse en pleurant sur les conséquences désastreuses de cette séparation et avec l'intime conviction qu'elle *est la cause principale des difficultés que nous rencontrons dans la solution d'un grand nombre de questions*. La question ouvrière est l'une de ces importantes questions de la solution desquelles dépend le salut de l'humanité. Je ne doute pas que la solution n'en eût été facile sans les divergences qui partagent la chrétienté. Puisse Dieu nous rendre ce que nous confessons tous dans le *Credo* sur tous les point du globe : Je crois à la Sainte Église catholique !

J'ai parlé à différentes reprises de l'étonnante analogie qui existe entre la situation politique et sociale des temps présents et celle de l'antiquité payenne où les enseignements du matérialisme. J'aurais pu insister sur cette idée. J'aurais pu montrer l'influence désastreuse que les deux systèmes auraient sur la situation des classes ouvrières, s'ils pouvaient se développer complètement et comment ni une philanthropie ni un Christianisme vagues et généraux ne sont capables d'opposer une digue à ces doctrines ; qu'il faut recourir aux enseignements, aux dogmes, aux forces vives du Christianisme pour y parvenir. Toutes les mesures du parti libéral moderne en faveur des classes ouvrières sont basées sur la doctine de la matière, de ses transformations et des lois qui la régissent comme source de tout être, tandis que les États modernes agissent sous l'influence de l'idée de l'État antique qui méconnaissait la liberté individuelle et la liberté d'association, la conscience et la dignité humaine et n'appréciait la valeur de l'individu que d'après sa position politique et la part qu'il prenait dans l'administration. Ces deux idées sont un guide sûr pour dévoiler tous les secrets de l'économie politique et du progrès moderne et nous faire connaître clairement ce que peuvent pour les classes ouvrières les vains efforts du parti libéral. Je dois renoncer à développer ces idées qui me conduiraient trop loin et je me contente de les indiquer en passant.

CHAPITRE IX.

RENSEIGNEMENTS STATISTIQUES.

Les données de la statistique sont tellement essentielles pour apprécier sainement la question qui nous occupe, que j'ai prié un homme versé dans cette science de faire quelques extraits des documents les plus authentiques. Je les communique à mes lecteurs. L'auteur n'avait pas lu mon travail et ignorait le point de vue auquel je me suis placé. Je lui avais seulement indiqué les points sur lequels devaient porter les renseignements. Ils sont donc entièrement indépendants de mon œuvre et ne concordent pas autant avec elle que si tous deux étaient sortis de la même plume. Cette circonstance leur donne plus d'autorité, parce qu'on ne peut les soupçonner d'avoir été dirigés dans un but déterminé. Ils forment les résultats de renseignements puisés aux meilleures sources. Si parfois les dépenses et les recettes des ouvriers accusent une position plus favorable, il ne faut pas en tirer une conclusion contraire à mes opinions. J'ai déduit les lois qui régissent la situation économique des classes ouvrières, des principes de l'économie moderne sans vouloir prétendre, en niant même que ceux-ci eussent produit partout tous leurs effets. Par contre, ces renseignements sont une mine féconde qui montre la situation malheureuse des classes ouvrières sous le rapport de leurs moyens d'existence et l'abîme vers lequel elles se précipitent, si elles doivent continuer le combat inégal engagé par elles avec le capital et les machines aidés des principes modernes sur la liberté et l'économie politique.

Je n'ai pas besoin d'excuse aux yeux de mes lecteurs pour l'étendue de ces communications. Beaucoup d'entre eux ne pourraient se faire une idée aussi juste sur ce point important. Ces renseignements seront d'autant plus favorablement accueillis que les citations permettent de recourir aux sources Je saisis cette occasion d'exprimer à l'auteur mes remerciements pour sa complaisance.

ANNEXE I.

D'après le recensement de 1851, la Grande-Bretagne comptait 21,121,967 habitants. Abstraction faite des ouvriers de fabrique qui antérieurement formaient 15 °/₀ de la population totale, on comptait 1,460,896 journaliers, domestiques agricoles et bergers, 1,038,791 domestiques, 376,551 manœuvres, 274,451 cordonniers,

267,791 modistes et couturières, 182,696 menuisiers et charpentiers, 152,672 tailleurs, et 101,442 maçons et paveurs.

Londres renfermait alors 632,545 hommes et 762,418 femmes âgés de plus de 20 ans. La population mâle était de 40,000 ouvriers de toute espèce, 26,639 cordonniers, 25,708 domestiques, 21,174 charpentiers, 20,257 tailleurs, 17,000 cochers et conducteurs de voitures, 9.841 boulangers, 7,428 bouchers.

La population féminine comprenait 118,855 domestiques, 73,620 ouvrières de diverses espèces, 45,754 lavandières et journalières, 330,009 vivant exclusivement du travail de leurs mains. (*Companion Almanac* dans l'*Annuaire de l'économie politique* 1855, p. 520-539.

Voici ce qui résulte des renseignements du bureau de statistique de Berlin, vol. IV, p. 252 et s., vol. V, p. 212 et s., vol. VII, p. 528 quant à la population ouvrière de l'Allemagne.

Sur une population de 16,112,938 âmes en Prusse, de 4,504,874 en Bavière, 1,836,664 en Saxe, 1,374,285 en Thuringe, 1,360,764 dans le grand duché de Bade, 852,679 dans le grand duché de Hesse, 726,883 dans la Hesse électorale, et de 418,627 en Nassau il y avait en 1846 :

I. OUVRIERS DE FABRIQUE DE TOUTE ESPÈCE.

Prusse,	656,592 soit	4,08	p. c. de la population	totale.
Saxe,	218,955 »	11,92	—	—
Thuringe,	53,691 »	3,91	—	—
Bavière,	177,805 »	3,95	—	—
Bade,	45,543 »	3,35	—	—
Hesse,	26,018 »	3,03	—	—
Hesse-Cassel,	22,023 »	3,04	—	—
Nassau,	7,496 »	1,79	—	—

II.	Ouvriers.	1 sur	Domestiques.	1 sur
Prusse.	1,470,091	11 habit[s]	1,271,708	13 hab.
Saxe.	131,714	14 »	134,098	14 »
Thuringe. . .	31,724	43 »	26,048	51 »
Bavière	205,010	22 »	498.904	8 »
Bade	39,921	34 »	89,756	15 »
Hesse	51,102	17 »	42,856	25 »
Hesse-Cassel . .	34,942	21 »	40,391	18 »
Nassau.	15,204	27 »	19,035	21 »

III. Il y avait enfin un apprenti ou compagnon sur 44 habitants en Prusse, sur 23 en Saxe, sur 67 en Thuringe, sur 31 en Bavière, sur 43 à Bade, sur 42 en Hesse, sur 48 dans la Hesse électorale et sur 77 en Nassau.

En Prusse sur une population de 16,331,187 habitants en 1849 et 16,869,786 en 1852, il y avait : 1° en 1849 0,515,551 ouvriers de fabrique de toute espèce ou 3,16 p.c. de la population se répartissant comme suit : ouvriers en dessous de 14 ans 15,972 hommes, 13,177 femmes, ouvriers au-dessus de 14 ans 423,676 hommes, 62,726 femmes. Les ouvriers en-dessous de 14 ans formaient donc 1/6 p. c., les autres 3 p. c. environ de la population totale. Ces derniers formaient 1,17 p. de la population féminine, 8 p. c. de la population masculine dépassant l'âge de 14 ans.

2. Ouvriers proprement dits : 934,233 hommes et 670,710 femmes soit 1,613,952, tandis que vers 1846, sur 1,470,091 individus, il y avait eu une augmentation de 0,70 p. c., de sorte que ces ouvriers formaient 9,89 p. c. de la population totale.

3. Serviteurs de toutes espèces :

Hommes *a*) attachés à la personne	40.186
b) Domestiques et jeunes gens employés à l'agriculture et dans les métiers	552.489
Femmes *a*) attachées à la personne	136.530
b) A l'agriculture et chez les artisans	557.709
	1306.914

Ils formaient donc 8 p. % de la population.

4. Apprentis dans les arts mécaniques et les petits ateliers en 1849, 407,141, en 1852, 446,035. Ce nombre a augmenté depuis de 9,44 p. c. Eu égard au nombre des maîtres, il a aussi augmenté depuis 1849 de 5 p. % : à cette époque sur 100 maîtres il y avait 76 apprentis et en 1852, 81. Les professions les plus suivies comptaient :

	Maîtres	apprentis	sur l'ouvrier sur
Cordonniers	90,841	53,583	117 habitants.
Tailleurs	72,325	38,535	152 »
Fileurs	36,308	22,417	214 »
Charpentiers	41,540	31,236	223 »
Maçons	6,010	60,462	238 »

Dans ces derniers temps d'après les recensements de 1855, 1858 et 1861, l'augmentation pour ces divers métiers a encore été plus forte.

Dans le grand duché de Hesse, il y avait d'après le recensement du 3 décembre 1858.

	JOURNALIERS.		SERVITEURS.		OUVRIERS DE FABRIQe.		COMPAGNONS.	APPRENTIS.
	Hommes.	Femmes.	Hommes.	Femmes.	Hommes.	Femmes.		
Dans le Starkenbourg.	15,680	10,349	5,448	10,776	5,234	2,427	6,102	2,721
Dans la Hte-Hesse. . .	10,995	7,810	6,956	9,733	1,356	495	4,176	1,909
» la Hesse-Rhénane .	8,828	4,615	3,350	8,972	1,943	670	6,867	1,909
	35,503	22,774	15,754	29,481	8,533	3,592	17,145	6.539

Ces chiffres ont leur éloquence; mais depuis lors et surtout dans ces derniers temps, ils ont augmenté dans une effrayante proportion. Ainsi les journaliers formaient 8 p.c. dans le Starkenbourg, 6 dans les deux autres provinces, en tout 7 p. c. de la population totale; les serviteurs 5 p. c. Le 3 décembre 1861 le recensement constatait :

	Ouvriers de fabrique.			COMPAGNONS et APPRENTIS.	p. c.
	HOMMES.	FEMMES.	p. c.		
Starkenbourg . . .	7,715	2,109	3	10,736	3 1/3
Haute-Hesse. . . .	3,304	1,154	1 1/2	7,831	2 1/2
Hesse-Rhénane. . .	5,430	938	2 1/2	9,607	4
Total. . .	16,449	4,201		28,174	3 1/3

Ce qui précède ne concerne que les ouvriers proprement dits. Mais il y a encore tous ceux qui ne sont pas exclusivement ouvriers à salaire, mais vivent cependant d'un salaire : ils forment la presque totalité de la population peu aisée. Il est presque impossible de déterminer le rapport en chiffres. Néanmoins on peut le fixer approximativement au moyen de l'impôt.

Sous ce rapport, les classifications et les distinctions établies dans les États Prussiens par la loi du 1er mai 1851 relative à l'impôt sur le revenu, nous permettent de jeter un coup d'œil très-intéressant sur la situation pécuniaire des sujets de ces Etats. Les listes dressées par l'ex-Directeur du bureau de statistique, Dieterici, publiées dans le 7e volume, année 1854, p. 175 et s. nous apprennent qu'en 1853 :

1. Sur une population totale de 16,869,780 âmes, la Prusse n'en comptait que 44,407 tombant dans l'une des classes imposées ; c'est-à-dire, jouissant d'un revenu de plus de 1000 thalers. En admettant, ce qui est la règle générale, que chacun de ces contribuables représente une famille ou une personne vivant dans une maison, il en résulte que 222,035 hommes, c'est-à-dire 1,31 p. °/o de la population, peut être considérée comme fortunée.

2. La loi citée ci-dessus, d'après l'exposé des motifs, comprenait dans la dernière classe des imposables tous ceux qui ne peuvent vivre des revenus de leur propriété ou de leur industrie et sont obligés de chercher à y subvenir par d'autres bénéfices notamment par le salaire ou quelque autre chose analogue, en outre les journaliers, compagnons et ouvriers à la journée. La côte de leur impôt varie de un demi à 3 th., ce qui d'après Dieterici donne pour cette classe un revenu annuel de 100 à 250 th. En 1852 la population était de 14,823,356 hommes. Parmi eux 5,077,842 payaient l'impôt et 4,521,989 appartenait à la dernière classe. *Il en résulte que le nombre de ceux qui ne peuvent vivre des revenus de leur propriété ou de leur industrie et sont obligés d'y suppléer par un autre gain forme d'après ce calcul 89,06 p. c. des contribuables* (Nous n'avons pas eu égard dans ce relevé à ceux qui paient un droit d'abattoir .... ce calcul exigerait des données plus certaines et plus détaillées que celles fournies par Dieterici, Mais même en se servant de ces données, les résultats auxquels on arrive diffèrent peu de ceux que nous avons obtenus.

ANNEXE II.

REVENUS ET DÉPENSES DES CLASSES OUVRIÈRES.

Depuis longtemps, le gain des classes ouvrières ne répond pas à leurs besoins. Si le salaire suffit en général dans la plupart des branches du travail pour subvenir aux nécessités de la vie et même parfois pour rendre possible une épargne, il est arrivé fréquemment, même de nos jours que les ressources des travailleurs étaient insuffisantes pour y pourvoir de la manière la plus modeste. Comme preuve à l'appui, nous donnons ci-dessus une série d'observations sur les revenus et les dépenses d'ouvriers de différentes catégories en Europe. Nous regrettons seulementque les renseignements nous fassent défaut pour pousser ces observations jusqu'aux temps les plus récents.

En Angleterre, une commission fut instituée par le Roi pour faire une enquête sur la situation des classes ouvrières. Dans son rapport, elle constate qu'un ouvrier agricole et sa famille, composée de la femme et de quatre enfants âgés de 14, 11, 8 et 5 ans, gagnent par an 41 l. s. 17 sh. 8 p. savoir le mari 27 l. s. 17 sh. 10 p., la femme et les enfants 13 livres 19 sh. 10 p. Cette somme suffit à subvenir au strict entretien de la famille dans lequel on comprend l'achat assez fréquent de viande et d'ale auquel l'ouvrier anglais est habitué. (*Senior. Statement of the provision for the poor and of the condition of the labouring classes.* Londres 1835 p. 200 et 208).

Cette situation se modifia quelques années après, notamment par suite de la crise commerciale et du chômage de l'industrie. Le salaire des ouvriers agricoles diminua d'année en année et tomba, en 1844, à 6 sh. par semaine et leur situation surtout en Irlande fut aussi misérable que possible. V. Engels l. c. p. 314 et s., 323, 324. Le salaire se releva un peu par la suite et atteignit même à 3 sh. par jour, ce qui permit à l'ouvrier de subvenir à sa subsistance d'autant plus que le prix des denrées alimentaires s'abaissa et avec lui celui du pain. En 1846, les ouvriers agricoles employés toute l'année gagnaient 14 sh. et ceux qui ne faisaient qu'un service momentané, 16 et 18 sh. par semaine.

Les ouvriers gagnaient par semaine au milieu de l'année 1840 : Cordonniers de 6 th. 20 gros à 10 th. (25 frs à 37, 50), les tailleurs 10 à 14 th. (37, 50 à 52 frs 50), les menuisiers 29 frs 50 à 59 frs, les maçons de 6 à 10 th. (22, 50 à 37, 50), les orfèvres 10 à 13 th. 10 gros (37, 50 à 50 frs). Hildebrand l. c. p. 207.

Dans l'une des principales industries de l'Angleterre, celle des cotons, les ouvriers gagnaient hebdomadairement le salaire ci-dessous, dont nous avons réduit la valeur en denrées alimentaires pour en faciliter l'appréciation.

	Sh. Pence.	Farine. Livres.	Pommes de terre. Livres.	Viande. Livres.	Beurre. Livres.
1° Fileur.					
De 1810-1817. . .	33—4 1/2	111 11/12	717 1/2	54 1/2	31 3/8
1819-1825. . .	20—3	148 1/2	1084 1/2	55	32 7/8
2° Imprimeur sur indienne.					
1810-1817. . .	26—	86 1/4	511 3/4	44 1/2	24 1/2
1819-1825. . .	25—6 3/4	106 1/4	697 1/2	50 3/8	30
3° Blanchisseur et préparateur.					
1810-1817. . .	18—6	62 1/4	380 1/2	30	17 1/2
1819-1825. . .	18—9	90	708	55 3/4	21 1/3
4° Tisserands de nankin.					
1810-1817. . .	12-10 1/2	43 3/8	379 3/4	20 11/32	14 1/2
1819-1825. . .	8—4 1/2		316 1/4	16 1/8	9 7/8
5° Tisserands en calicot.					
1810-1817. . .	10—7 1/4	27 1/4	161	12 7/8	7 1/2
1819-1825. . .	6—4	34	235 3/4	13 3/8	7 1/4

Baine, *Histoire de l'industrie cotonnière* traduit par Bernoulli, p. 181.

Dans la seconde période, le salaire en argent a donc baissé en général, la valeur en denrées alimentaires a augmenté au contraire pour les trois 1res catégories d'ouvriers, tandis qu'elle a diminué pour les tisserands en général. Il en résulta que ces derniers dont le nombre s'élevait à environ 250,000, durent recourir à l'assistance publique. Les tisserands au métier, obligés de concourir avec les machines, n'ont pas vu s'améliorer leur position; au contraire elle est devenue plus déplorable, bien que de temps à autre leur salaire ait augmenté. Ils forment depuis longtemps la classe la plus pauvre et la plus malheureuse parmi les ouvriers. (V. la peinture de cette situation dans Engels l. c. p. 174).

Durant la crise commerciale en 1842 et 1843, les salaires avaient considérablement baissé dans les fabriques et les mines.

Plus tard, ils augmentèrent. Hildebrand (l. c. p. 210) nous apprend qu'en 1846, les ouvriers les moins rétribués étaient ceux des fabriques de coton et des houillères : quelques-uns ne recevaient que 10 sh. par semaine, tandis que la plupart gagnaient 25 sh. et plus, ce qui donne une moyenne de 18 sh.

Dans les usines et les fabriques de machines, les moins favorisés gagnaient 18 sh. et un grand nombre de 30 à 40 shellings.

Quant aux ouvriers à gages, les hommes (cochers, domestiques, etc.) recevaient annuellement de 20 à 25 livres st. outre le logement et la nourriture, les femmes de 5 à 14 livres et par semaine de 2 à 8 shellings.

En France, la situation des ouvriers a changé considérablement depuis le siècle dernier, tant sous le rapport du salaire, que sous celui de l'habitation, de la nourriture et du vêtement. (On trouvera cette comparaison de la situation actuelle avec celle des 1res années du siècle précédent dans les *comptes rendus* de *l'Académie française* en Juillet 1848, rapportés par extraits dans le Journal polytechnique de *Dingler*, vol. 110 p. 143 et s. On peut consulter sur le salaire quotidien en France, avant 1789, 1832 et 1842 et sur la dépense d'une famille de journalier à Nantes, le *Moniteur universel* du 31 août 1848, p. 2233.) *Charles Dupin* (*Des forces productives de la France*, T. I, p. 162) évalue pour 1827 le salaire d'un homme dans le Nord de la France à 2 frs 26 c. et dans le Sud à 1 fr. 89 c. par jour. *De Moroques* au contraire l'évalue en dessous pour 1832 et dresse comme suit le bilan d'une famille d'ouvriers composée du mari, de la femme et de 3 enfants ou 2 enfants et un vieillard :

I. Dans une grande ville.

RECETTES.		DÉPENSES.		
Salaire du mari : 300 j. de travail à 1 fr. 50 c. . .	450	Nourriture.	570	15
Id. de la femme : 200 j. à 0-90 c.	180	Logement, chauffage et éclairage	130	»
Id. des enfants : 260 j. à 0-50 c.	130	Vêtement.	140	»
		Dépenses diverses . .	19	»
	760		859	15

Ces recettes supposent nécessairement qu'il n'arrive ni chômage ni maladie, etc. Mais dans ce cas même, l'ouvrier doit se restreindre pour subvenir à son existence et comme il ne peut rien retrancher sur la nourriture et le logement, il doit essayer de le faire sur l'habillement, le mobilier et la boisson. Or, il arrivera difficilement à économiser de la sorte 100 frs; par suite, il tombe facilement dans la misère et doit recourir aux âmes charitables.

II. A la campagne.

RECETTES.		DÉPENSES.	
Salaire du mari : 300 j. de travail à 1 fr. 25	375	Nourriture.	421 27
Id. De la femme : 200 id. à 0.75	150	Logement, chauffage, éclairage	70 »
Id. des enfants : 250 id. à 0.38	95	Habillement	100 »
		Dépenses diverses . .	18 73
	620		620 »

Dans les campagnes, au contraire, le salaire de la famille suffit donc à son entretien.

Lors de la crise commerciale, en 1832, les ouvriers de Metz et Nancy ne gagnèrent pas plus de 0,75 par jour. La situation n'était pas meilleure dans les Vosges, à Rouen pour les tisserands, à Lyon et à Orléans où l'ouvrage faisait presque généralement défaut, tandis que en temps ordinaire le salaire était de 1,50 à 2 fr. dans la ville et de 1 frs 25 c. à 1, 50 à la campagne. Dans le Maine et la Bretagne, le salaire quotidien ne dépasse guère 0, 90 c. à 1fr., tandis qu'à Paris il s'élève de 2, 50 à 3 frs et plus quand les affaires sont prospères. *De Moroques*, *De la misère des ouvriers et de la marche à suivre pour y remédier à Paris* 1832, p. 49 et s.

En 1832, dans les fabriques de draps d'Elbœuf, le salaire des hommes étaient de 35 sous à 2 frs, celui des femmes de 25 sous, celui des enfants de 15 sous par jour, tandis qu'à Abbeville, l'homme ne gagnait que 32 sous, la femme de 15 à 25 sous, l'enfant de 10 à 15 sous ; à Louviers l'homme recevait 1 fr. 60 c., la femme 1 fr., l'enfant de 70 à 80 cent. Le salaire d'une famille de tisserands suffisait donc à son entretien.

En 1833, le salaire quotidien était d'après *Senior*, l. c. p. 210 et suiv., *De Gerando*, *De la bienfaisance publique*. Partie I, liv, I, ch. 2, *Schmidt*, *Uber Bevölkerung, Arbeitslohn und Pauperismus*. p. 312 et s. :

En France en général.

Ouvriers agricoles.	Journal[rs].	Artisan.	Femme.	Enfants.	Femme avec 4 enfants.
0,70 c. à 1 fr. 70. selon que l'ouvrier travaille à la campagne ou en ville.		1,50 c. à 3 fr.	0,30 à 60 c. à la campagne, 50 à 90 c. en ville.	0,20 c. à la campag. 25 à 60 c. dans les ateliers.	1 fr. à 1,50 à la campagne, 3 fr. en ville.

Ce salaire suppose une nourriture frugale, peu ou point de viande, mais ordinairement du vin pour l'homme.

Au Havre et dans les environs.

2,32 en ville; à la campagne, 1 fr. 75 en été et 1,30 en hiver.	1 fr. et la nourritur[e].	

La famille peut subsister. Sa nourriture consiste en pain, légume et cidre: peu ou point de viande.

Département de la Loire inférieure où l'industrie domine.

7 1/2 à 10 d. soit par an 12 l. à 12 liv. st. 10 sh., ou nourriture comprise 5 à 8 liv. 6 sh. 8 den.	1 sh. 1/2 den. — 1 sh. 3 d[r].	1 sh. 8— 1 sh. 6.	4—8 den. à la campagne, 6 à 10 den. dans les ateliers	En dessous de 16 ans, 3 — 6 den. à Nantes, moins encore à la campagne.	A Nantes, 15—16 liv. st. 13 sh. 4 d[en]. par an, beaucoup moins à la campagne.

Si le travail afflue et que la femme et les enfants gagnent annuellement de 2 à 300 fr., la famille pourra acheter de temps à autre de la viande et du lard, et subsister sans le secours du bureau de bienfaisance; mais il ne reste que 70 fr. pour les vêtements et autres petits besoins.

Bretagne (agriculture et industrie).

Ouvriers agricoles.	Journalrs	Artisans.	Femmes.	Enfants.	Femme et 4 enfants.
10 sh. l'été, 7 sh. l'hiv., par an, 11 liv. st.		15 den. ou 17 liv. s. par an.	3 à 6 den. dans l'agriculture, 5 à 7 dans les ateliers.	2 1/2 den. dans les ateliers, 2 den. à la campagne en été, sinon peu de chose.	A la campagne 8 liv. st. par an, 10 liv. dans les ateliers.

Le paysan vit de blé sarrazin (bouillie et gâteau), de pain d'orge, pommes de terre, choux, 6 livres de viande de porc par semaine, un peu de graisse dans la soupe aux choux, que l'on mange avec du pain d'orge. Les artisans habiles peuvent vivre. Ils se nourrissent de pain, de 5 livres de viande par semaine, de légumes et de poisson, qui est à très-bas prix.

Bordeaux et environs (agriculture et industrie).

1 sh. 4 1/2 den.; par an, 17 liv. st. en espèces. 4 l. 12 sh. en denrées.		1 sh. 7 1/2, den. à 2 sh. 5 den.	Par semaine, 3 sh. 4 1/2 den. en automne, 4 sh. 2 1/2 den. dans les pays vignerons, en automne 2 sh 10 den. en sus.		Annuellement 12 liv.

Dans les landes qui forment le tiers du département de la Gironde, la nourriture consiste en pain de seigle, bouillie de mil, gâteau de maïs, légumes et viande salée, peu ou point de viande fraîche. Les habitants boivent de l'eau qui est en général marécageuse. Dans les autres parties du pays, la nourriture est diverse.

Bayonne et environs, pays essentiellement agricole.

1 sh. à la campagne et en ville.		1 sh. 3 den. à 1 sh. 6 den en moyne			

La nourriture consiste en légumes, pommes de terre, poissons salés, lard, viande de porc et pain de ménage de maïs.

Marseille et environs, pays industriel.

15-18 den., 7 à 8 liv. st. par an avec nourriture et logement, 16-20 liv. st. sans nourriture, etc.	7-9 den. toute l'année.	En dessous de 11 ans, nul; de 11-16 ans, même salaire que la femme.

Le salaire de la famille suffit à son entretien; la nourriture se compose généralement de légumes, de pain, de bouillie et de viande une fois par semaine.

Dans le département du Haut-Rhin, où l'agriculture et l'industrie sont prospères, le salaire quotidien était :

	1780	1843
Pour les journaliers	fr. 4 à 6	fr. 7,20 à 9,00
» les imprimeurs sur étoffe.	6 à 8	13,80 à 16,80
» les graveurs sur bois . . .	10 à 12	18, » à 24, »

Le salaire avait donc doublé dans l'espace de 60 ans. En 1780, le pain coûtait 0,25 c. par kilog., la viande 0,50 c.; le logis d'une famille 50 fr. par an. En 1843, le prix du pain était de 0,30 c., celui de la viande de 1 fr. par kilogramme; l'habitation et le chauffage avaient augmenté de prix, par contre le prix des habillements avait considérablement baissé. La situation de l'ouvrier s'était donc, en général, améliorée depuis 1780. (*Statistique générale du Haut-Rhin* pour 1827, p. 340; Penot, *Recherches statistiques sur Mulhouse*, p. 168.)

En ce qui concerne Mulhouse spécialement, Penot (l. c. p. 157) établit comme suit les dépenses nécessaires :

	NOURRITURE		LOGEMENT		Vêtement.	Total.
	par semaine.	par an.	hebd^e.	annuel.		
	fr c.					
Pour un ouvrier . .	» 60	219 »	7	84	70	373 »
» une ouvrière . .	» 45	164 25	7	84	60	308 25
» une famille de 5 personnes. . .	1 50	547 »	12	144	150	841 50

Si l'on fixe à 300 le nombre des jours de travail par année, chaque ouvrier devra donc gagner quotidiennement 1 fr. 25, la femme un peu plus d'un franc et une famille 2 fr. 80 c.; encore faut-il supposer qu'aucune maladie ou événement quelconque ne vienne diminuer ce salaire, sinon il faudrait recourir à la charité.

L'apprenti gagnait de 0,60 c. à 1,25 dans les ateliers de construction, l'ouvrier ordinaire 1,50 à 1,75, les fondeurs, menuisiers, etc. 3 fr.; dans les filatures de coton, le premier gagnait de 0,40 à 70., le second de 2 frs. à 3,75 au maximum, dans les filatures de laine de 0,55 c. à 1 fr., 3 à 5 dans les filatures de lin, les enfants de 12 à 16 ans gagnaient de 60 à 1 fr., les adultes de 1 à 1,10; dans les manufactures de coton de 0,75 à 1 fr. et de 1,20 à 1,50; dans les fabriques d'indiennes l'enfant de 12 à 16 ans gagnait de 0,75 c. à 1 fr., un ouvrier ordinaire de 1,20 à 1,50, une ouvrière imprimeur 1,30 à 1,80 c., un imprimeur de 2,30 à 2,80 et 3 fr., un graveur de 5 à 10; dans les blanchisseries, un ouvrier ordinaire gagnait 1 fr., un ouvrier habile de 3,35 à 4 fr.; dans les fabriques de drap, un enfant de 12 à 14 ans gagnait 0,50, une fille plus âgée 0,90 c., les tisserands 2,25. (Penot donne des détails intéressants sur l'alimentation des ouvriers de fabriques § 155 et 156.

Le *Journal des sciences politiques* de Tubingue, Année 1851, p. 148 et s. fournit des données semblables sur les salaires dans les fabriques de Mulhouse et sur les dépenses indispensables des ouvriers pour les années 1835 et 1850.

Dans une autre localité industrielle, à Lille, une famille d'ouvriers devait gagner 1051 frs par an pour pouvoir subsister, en supposant qu'elle ne renfermât pas un membre rendu incapable de travailler par l'âge. Un ouvrier de fabrique y gagne difficilement plus d'un franc à 1 fr. 75 c. par jour, sa femme 0,60 c., ses enfants 0,53 c. soit 2 fr. 88 c. par jour ou pour une année de travail de 300 jours 864 fr., c'est-à-dire une somme inférieure à celle qui est indispensable pour vivre. Elle doit nécessairement vivre de la charité ou dans le besoin et la misère. Il ne peut être question d'économie pour l'instruction des enfants, les maladies et autres cas imprévus. De Villeneuve Bargemont, Economie chrétienne, T. I, p. 203.

Voici d'après le Journal du Bureau de Statistique de Saxe, année 1857, p. 163 à 165, les budgets annuels de quelques familles d'ouvriers. Ils sont empruntés à l'ouvrage de *Le Play, Les Ouvriers européens* : nous n'en garantissons pas l'exactitude.

	REVENUS.					DÉPENSES.							
	Propriétés mobilières et immobilières.	Revenus extraordinaires (1)	Salaire ordinre.	Salaire extraordinaire.	Total.	Nourriture.	Vêtement.	Logement.	Chauffage, Eclairage.	Education.	Sécurité publique, etc.	Santé, etc.	Total.
1. Ouvriers agricoles d'Armagnac .	7 15	163 05	386 55	146 56	697 31	484 06	108 92	41 28	39 30	5 50	1 25	16 »	697 31
2. Id. de Morrau (Nièvre).	4 54	46 98	403 80	115 93	571.25	399 67	98 66	38 19	17 98	9 »	5 25	2 50	571 25
3. Id. Maine (Sarthe)	1 34	28 18	537 35	31 48	598 35	444 10	80 40	31 25	28 10	9 50	—	5 »	598 35
4. Id. Basse-Bretagne	34 14	32 »	356 10	38 86	461 10	248 81	45 »	55 25	10 »	5 50	» 50	—	365 06
5. Paysans et moissonneurs du Soissonnais.	117 32	46 45	536 10	276 84	977 11	527 80	137 90	54 40	34 45	17 »	16 50	6 »	794 05
6. Fondeurs des fabriques de fer du Nivernais.	13 32	88 »	742 »	40 67	883 99	500 63	219 66	48 30	28 70	16 »	8 »	15 »	836 29
7. Mineurs de l'Auvergne.	63 47	25 »	554 03	75 86	718 36	436 81	148 16	68 44	38 70	2 25	6 »	18 »	718 36
8. Tisserands de Mamers.	2 25	76 75	461 15	3 75	543 90	374 80	56 10	59 »	29 »	8 »	—	17 »	543 90
9. Chiffonniers de Paris	» 11	174 30	795 28	» »	969 69	523 49	184 75	91 »	85 50	49 45	—	35 50	969 69

(1) Savoir, glanage, coupe des herbes dans les fossé des routes, usage des pâturages communaux, enlèvement de fum iers sur les routes, etc.

En Belgique, le salaire était, en 1833, d'après Senior, *Statement*, etc., et Schmidt, p. 310 et s. ci-dessus cités :

Dans les campagnes.

Ouvriers agricoles.	Journal[rs]	Artisans	Femmes.	Enfants.	Femmes avec 4 enfants.
En été, 4 liv. 14 sh. 6 den.; en hiver, 1 liv. 19 sh. 4 1/2 den., soit pour une année 6 liv. 13 sh. 10 1/2 d[r]., plus la nourrit[e].	5 sh. 8 3/4 den. par semaine y compris la nourriture.		En été, par semaine, 3 sh. 9 1/2 d.	En dessous de 16 ans, 2 sh. 9 1/2 den. par semaine.	

La nourriture consiste en pain, lait et pommes de terre.

Ostende et ses environs.

Ouvriers agricoles.	Journal[rs]	Artisans	Femmes.	Enfants.	Femmes avec 4 enfants.
En été, 1 sh.; en hiv. 10 1/2 den. On déduit 5 1/2 den. p[r] la nourriture.		S'il est habile, 1 sh. 2 d[r] à 1 sh. 5 den. en été; 10 d[r] à 1 sh. 2 den. en hiver. En cas contraire, 7 den. à 1 sh. l'été, 5 1/2 à 8 den. l'hiver.	Dans les campag[nes], l'été, 8 1/2 den.; en hiver, 7 1/2 sans nourriture ou 4 1/2 à 3 1/2 den. avec nourriture. En ville, 10 1/2 deniers y compris nourriture. 1 sh. 5 den. sans nourriture.	En été, 1 1/4 den. y compris la nourriture. L'hiver rien.	Annuellement 6 liv. 8 sh. à 7 l. 1 sh. L'été, la nourriture en sus.

En ville, la famille ne peut manger que du pain de seigle et des pommes de terre, si le père n'est pas un ouvrier habile ou s'il n'y a pas de fabrique dans la localité. Dans les campagnes, elle peut y ajouter du beurre, des légumes et parfois de la viande de porc.

Commune de Gaesbeck, lez-Bruxelles

6 deniers avec bière et parfois du café et des tartines. Temporairem^t^, un denier en sus.			En hiver 5 den., en été 6 avec nourriture.	Comme les femmes.	

Les ouvriers de cette commune se nourrissent de pain de seigle, fromage, beurre ou graisse, lard, légume, café et bière.

Le comte Arrivabene (*De la condition des ouvriers et laboureurs belges*, Bruxelles 1845) établit comme suit le budget d'une famille d'ouvriers de Gaesbeck, composée du père, de la mère, d'une fille de 18 ans, de deux fils de 17 et 13 et d'un enfant de 6 ans.

Recettes.		Dépenses.	
1. Salaire . . . . fr.	350	1. Pain . . . . fr.	295
		2. Café, sel, savon, etc.	31
2. Produit des terres		3. Loyer et fermage. .	80
et du jardin . . .	290	4. Vêtements	190
		5. Bois et charbon . .	70
		6. Impôts	32
	640		698

Si l'on ajoute aux recettes la récolte des pommes de terre, le lait, un demi-porc, etc., ces objets devraient être portés en dépenses pour la valeur; celles-ci dépasseraient donc toujours les recettes.

Ducpétiaux, exécutant les décisions du Congrès de statistique tenu à Bruxelles en 1853, publia deux ans après un ouvrage fort intéressant, intitulé : *Budgets économiques des classes ouvrières en Belgique*. Il y énumère les recettes et dépenses des ouvriers des diverses provinces belges et entre dans les plus petits détails. Ducpétiaux, et, après lui, la *Revue du bureau de statistique de Saxe*, 1857, p. 167, distingue entre les familles d'ouvriers nécessiteux qui doivent recourir à la charité publique et ceux qui peuvent se passer de ce secours. Voici, d'après cette distinction, le budget annuel d'une famille d'ouvriers belges :

	RECETTES.					DÉPENSES.									
	Salaire														
	père.	mère.	enfant.	Autres revenus.	Total.	Nourriture.	Vêtement.	Logement.	Éclairage, chauffage.	Ustensiles, etc.	Education.	Sécurité publique, etc.	Santé, etc.	Service personnel.	Total
Famille pauvre.	316 79	61 31	117 94	68 93	564 97	459 83	76 21	56 54	36 48	4 15	2 37	0 96	10 92	1 20	648 68
Id. ordinaire.	431 36	83 93	187 37	94 05	796 71	569 55	111 25	70 41	46 60	9 80	9 02	3 94	23 52	1 35	845 44

Les dépenses annuelles d'une famille d'ouvriers de la première catégorie dépassent donc les recettes de 83 frs 71 c., pendant que celles d'une famille de la seconde catégorie dépassent de 48 frs. 73 c. les recettes.

Cet écart entre les recettes et les dépenses est occasionné surtout par le peu d'élévation des salaires qui n'ont pas suivi la marche ascendante du prix des vivres et autres objets de première nécessité. Aujourd'hui même, quoique les salaires aient haussé dans différents métiers, ils sont insuffisants. C'est ce qui a été reconnu dans les termes suivants au sein du conseil communal de Bruxelles le 2 octobre 1854 : « Dans les grandes branches de l'industrie, les salaires se règlent par l'offre et la demande ; d'ailleurs ils sont en rapport avec les besoins, grâce aux variations continuelles qu'ils subissent. Il en est autrement dans les métiers. Les maçons, menuisiers, couvreurs, tapissiers, etc. reçoivent depuis longtemps le même salaire; celui-ci est insuffisant et les force à recourir à la charité publique. Si nos craintes se réalisent et si la cherté des subsistances continue à augmenter ; nous ne pouvons que désirer une augmentation des salaires qui doivent être en rapport avec le prix des vivres. » A la demande du conseil le Bourgmestre réunit les entrepreneurs de constructions, maçons, menuisiers, couvreurs, charpentiers, etc. et l'année suivante, il put annoncer au conseil que les maîtres de ces différents métiers avaient consenti à élever d'une manière raisonnable les salaires restés les mêmes depuis 1804. (Ducpetiaux, *Des subsistances, des salaires*, etc., dans le *Bulletin de la commission centrale de statistique*, T. VI, Part. 2e, p. 521 et 580-585.

En ce qui concerne l'Allemagne, la statistique n'y a pas été poussée aussi loin qu'en France, en Angleterre et en Belgique ; la vie sociale n'y a été ni étudiée ni décrite avec autant de soin. Aussi ne pouvons-nous, en l'absence de données certaines, entrer dans les détails sur la situation matérielle des classes ouvrières si ce n'est pour quelques États. Les renseignements même pour ceux-ci sont encore bien incomplets.

Pour l'Autriche même, nous devons nous contenter des faits suivants :

D'après Le Play dans l'ouvrage ci-dessus cité et la Revue du bureau de statistique de Saxe 1857, p. 163-165, le budget annuel d'une famille d'ouvriers s'établit comme suit :

	RECETTES.					DÉPENSES.								
	Revenu mobilier et immobilier.	Revenu extraordinaire.	Salaire ordinre.	Salaire extraordinaire.	Total.	Nourriture.	Vêtement.	Logement.	Feu et lumière.	Ustensiles, etc.	Éducation, etc.	Sécurité publique.	Santé, etc.	Total.
Houilleur des Alpes	—	447 86	6 02	—	423 88	319 56	55 05	6 62	4 55	—	—	0 50	37 60	423 88
Mineur et fondeur des mines de mercure de Krain	0 60	163 40	363 78	31 »	558 78	348 45	76 75	29 50	32 97	—	8 36	—	62 75	558 78
Ouvrier menuisier, à Vienne. .	8 44	71 17	811 65	126 59	1017 85	643 99	111 76	138 05	62 67	14 30	5 66	6 75	18 67	1017 85
Paysan de la Theiss.	203 29	110 73	454 82	410 14	1178 98	769 08	154 14	68 01	63 11	—	13 46	108 06	3 12	1178 98

D'après ce tableau, ces familles d'ouvriers restreignent leurs dépenses dans les limites de leurs revenus qui suffisent à tous les besoins.

D'après Von Reden, dans un travail inséré dans la *Revue de l'association de statistique de l'Allemagne*, 2e année, p. 181 et s. un ouvrier en soieries ayant sa femme et 3 enfants qui ne travaillent pas encore, gagne dans les fabriques de Vienne, en moyenne 50 kreutzer par jour, sa femme, dévideuse de soie, 21. La famille perçoit donc sur 297 jours de travail, 306 fl. 18 kr. Avec cette somme elle paie pour

1. Logement	fl.	40-00 k.
2. Nourriture.	»	231-10
3. Vêtement	»	30-00
4. Bois, lumière et savon.	»	27-13
5. Ecole	»	11-00
6. Impôts	»	1-00
7. Dépenses diverses . .	»	3-00
	fl.	343-23 k.

A la fin de l'année, elle a donc un boni de 22 fl. 55 kr.

Mais outre que les prix ci-dessus sont très-bas (le repas de 5 personnes par exemple est calculé à 16 kreutz. par jour) on ne porte rien pour mobilier, ustensiles, etc. Il ne faut pas d'ailleurs perdre de vue que différents objets tels que le bois, la lumière, ne peuvent être achetés que par petites quantités, et par suite plus cher. La petite épargne espérée n'existe donc pas à la fin de l'année: elle se changera même en déficit, si le travail diminue à la fabrique dans le cours de l'année ou s'il cesse en partie, si la maladie, les couches de la femme ou quelque autre événement diminuent le salaire de l'homme, principale source des revenus ou même en prive la famille.

En Prusse, la commission royale d'économie rurale a ouvert une enquête sur la situation matérielle des classes ouvrières. *Von Lengerke: La question ouvrière dans les campagnes* en a recueilli les résultats. Nous avons puisé les renseignements qui suivent sur les ressources et les besoins des ouvriers dans cet ouvrage très-intéressant, dans les rapports du Bureau de statistique de Berlin, T. V. p. 270-327 et dans un travail de *Lette* inséré dans le *compte rendu des séances du Congrès de Bienfaisance* de 1857, T. II, p. 80 et s. Nous donnons d'abord en moyenne les dépenses nécessaires à l'entretien d'une famille d'ouvriers agricoles dans 8 provinces du royaume.

	Logement.			Feu et lumière.			Nourriture			Vêtement.			Entretien des instruments de travail.			Sel et épices.			Impôts.			TOTAL.		
	Th.	Gr.	Pf.	Th.	Gr.	Pf.	Th.	Gr.	Pf.	Th.	Gr.	Pf.	Th.	Gr.	Pf.	Th.	Gr.	Pf.	Th.	Gr.	Pf.	Th.	Gr.	P.f
Prusse	7	»	»	6	23		49	2		17	16		2	23		3	23		2	15		89	17	
Posen	8	»	»	8			30	22		15			3			3	17		2	15		70	24	
Brandenbourg .	7	24		5	22	6	59	13	6	21	12	9	4			1	27	3	5	3		105	12	
Poméranie . .	11	21	2	8	28	6	63	11	6	20	27	10	3	8		2	21	3	4	12	1	114	19	11
Silésie	5	6	2	7	19	2	49	29	2	17	15	2	2	24	8	2	7		5			90	11	4
Saxe.	9	3	8	9	5	4	59	15	4	15	17	4	2	24	8	1	28	8	3	24	10	101	29	10
Westphalie. . .	8	3	4	9	14		42	23	2	15	9		2	4	4	2	24	3	4	15	5	85	3	6
Provinces rhénanes	12	5	6	14	5	11	73	6	10	21	6	6	4	20	8	2	28	11	4	20	9	133	5	1
Moyenne générale.	8	19	3	8	22	4	53	15	4	48	1	10	3	5	8	2	22	2	4	2		98	28	3

Sous le rapport des revenus, il faut distinguer 1° les ouvriers proprement dits (feldgesinde) ne possédant aucun immeuble et servant chez un maître à la journée ou pour un prix fait, 2° les petits cultivateurs qui ne peuvent vivre exclusivement du produit de leurs terres et sont obligés de travailler pour d'autres. 3° Les Einlieger qui ne possèdent pas d'immeubles, habitent des fermes ou une maison louée et vivent exclusivement du prix de leur journée ou d'un travail à l'entreprise.

Les ouvriers de la première catégorie qui vivent principalement dans les provinces occidentales et dans celles du centre, sont dans une position satisfaisante. Si l'ouvrage ne manque pas, ce qui arrive de temps à autre, ils gagnent suffisamment pour subvenir à tous leurs besoins. Dans le Brandenbourg, une famille de paysans de cette espèce est dans une situation plus défavorable ; elle est pire encore en Silésie. Le père gagne en moyenne 5 gr., la femme 2 1/2 à 3 gros par jour, les adolescents moins encore.

Dans la seconde catégorie, les situations varient selon les lieux, l'habileté, l'ardeur au travail et l'étendue de la propriété. En général, la position de ces ouvriers est bonne ; leurs revenus sont suffisants pour vivre.

Au contraire la condition des derniers est déplorable, ils vivent en général dans la misère. Le salaire quotidien est peu élevé, le travail manque souvent par exemple durant l'hiver. Sous ce rapport, la situation est pire en Prusse et en Silésie où le salaire est très-souvent insuffisant pour procurer les objets de première nécessité. Le prix de la journée de travail selon les localités, le voisinage ou l'éloignement des ville, l'offre et la demande, est pour les hommes de 5 à 10 gros, un peu plus en été, pour les femmes de 3 à 6 gros, durant la moisson 8 gros, pour les enfants au dessus de 12 ans 1 1/2 à 3 gros. S'il s'agit d'un travail à prix fait p. ex. la récolte des grains et des pommes de terre, la construction d'un bâtiment, d'une route, d'un chemin de fer, etc. la situation s'améliore au moins temporairement.

Les ouvriers employés à l'agriculture sont logés et nourris chez leurs maîtres ; c'est dans la Silésie et le Lausitz qu'ils sont le plus mal nourris, et en Westphalie le mieux. Dans ce pays un valet de ferme gagne en outre 22 à 30 th. par an, une servante de 16 à 24 th., un garçon 12 à 16 th. ; les prix sont inférieurs dans les autres provinces.

Les revenus des ouvriers dans les villes, des journaliers proprement dits et des ouvriers soit de fabriques soit d'ateliers, des compagnons et apprentis ainsi que des domestiques varient moins selon les localités que d'après la nature du travail.

En 1857, *une* domestique gagnait dans la classe inférieure 20 th. et plus, dans la classe moyenne 30-40, dans la classe supérieure le salaire s'élevait jusqu'à 50 th. outre un cadeau à la Noël et la nourriture. Les journaliers gagnaient 12 à 15 gros, la semaine s'élevait parfois à 3 1/2 ou 4 th. et dans les travaux à prix fait 4 à 6 th. Sans la nourriture, on payait une couturière 5 à 6 gros, une tailleuse 15 gros et plus par jour, les lessiveuses 20 gros y compris une bonne nourriture. Les ouvriers et apprentis, dans les différents métiers, avaient aussi un salaire convenable ; le salaire moyen de l'apprenti dans les travaux de construction était de 22 1/2 à 17 2/2 gros par jour. Ce salaire était un peu moindre dans les autres villes, il s'élevait si l'ouvrier était habile ou travaillait à l'entreprise.

Dans les ateliers de construction, le salaire ordinaire des serruriers, forgerons, tourneurs, menuisiers, etc. était autrefois par semaine 3 1/2 th., il est aujourd'hui de 4 à 6 th., dans les ateliers de tissage les enfants de 14 à 16 ans et les filles plus âgées recevaient 2 1/2 th.

D'après *Senior* l. c. le salaire des ouvriers agricoles de Dantzig, était de 4 2/3 à 7 den. l'été, de 3 1/2 à 4 2/5 den. l'hiver, plus le logement qu'il obtenait au moins pour un prix peu élevé, une pâture et du foin pour une vache. Les ouvriers à la journée recevaient à la campagne en été 8 1/4 à 11 3/4 den., en ville 8 1/2 à 10 1/2, en hiver 4 3/4 à 7 et 7 à 12 den.; ils recevaient donc par an à la campagne de 8 liv. 10 sh à 9 liv., en ville 10 liv. à 10 sh. Une femme gagne en moyenne 3 den., un enfant 1 den. Si les parents sont économes et sobres, ils peuvent subvenir à tous les besoins de la famille.

A Breslau, dans les 40 dernières années, le salaire quotidien des ouvriers à la journée était de 8 gros en été, 6 en hiver, celui des femmes de 4 et 5 gros. Les ouvriers de fabrique gagnaient A. dans les fabriques de chicorée 0, 10 à 15 gros; B. dans celles de tabacs un ouvrier touchait par semaine 2 à 2 1/3 th., une ouvrière 1 1/5 à 2 1/3 th., un enfant 15 à 20 gros ; C. dans les fabriques de papier 2 1/3-2 1/3, D. dans celles de coton, un ouvrier gagnait par jours 10 gros, une ouvrière 5 à 6, un enfant cardeur 2 1/2 à 3 gros, un imprimeur 3 1/2 à 4 th. par semaine, les graveurs et coloristes 5 à 10 th. E. dans les ateliers de construction l'ouvrier gagnait de 10 à 15 gros par jour, 3 1/2 à 4 th. par semaine. Les ouvriers de fabrique, surtout dans les fabriques de coton, n'ont pas toujours de l'ouvrage, de sorte que le salaire journalier de 10 gros se réduit souvent à 5, s'ils ne travaillent que 3 jours par semaine.

Le taux du salaire pour les ouvriers était fixé comme suit : Chez les boulangers 25 gros à 1 1/2 th. par semaine outre la nourriture et le logement et en outre une gratification dans certains cas ; chez les cordonniers, 1 th. 25 gros à 2 th. 15 g. par semaine pour le travail à pièce ; chez les tailleurs : 1° les tailleurs pour dames 12 gros 6 pf. par jour, 2 th. 15 par semaine pour le travail à pièce. 2° tailleurs pour hommes 2 th. 20 gr. à 3 th. par semaine ; chez les menuisiers, 1 th. 10 gros outre le logement et la nourriture ; chez les maçons, en été, 15 gros, en automne, 12 1/2, en hiver, 11 gros 3 pf. par jour ; par entreprise 3 th., en été, 1 th. 25 gros, en hiver. Les apprentis maçons gagnent en été 8 à 11 gros par jour. Comparer l'intéressante brochure de *Schneer* : Situation des classes ouvrières à Breslau : *Uber die Zustande der arbeitenden Classen in Breslau*, p. 20-42.

Dans la Haute Silésie le salaire quotidien était : I. Dans les mines royales. A. Dans les mines de calamine, pour un mineur 11 gros au maximum, pour un traîneur 7 à 8 gros, pour un tireur 7 gros.

B. Dans les mines de houille pour le houilleur 16 à 18 gros, pour le traîneur 13 à 14 gros, pour un tireur 10 à 11 gros au maximum. On l'augmenta alors de 2 gros pour le houilleur, 1 1/2 pour le traîneur, 1 gros pour le tireur.

L'ouvrier laborieux pouvait subvenir à ses besoins en modérant ses désirs, mais il ne pouvait faire d'économie.

II. Dans les mines appartenant à des particuliers, les houilleurs gagnaient habituellement 7 1/2 gros, les traîneurs 6 gros, les tireurs 5 gros.

Ce taux des salaires n'était nullement en harmonie avec le prix des denrées alimentaires et l'ouvrier ne gagnait pas souvent la somme suffisante pour procurer à sa famille une existence misérable. Lors du paiement qui a lieu toutes les 4 à 6 semaines, les ouvriers avaient reçu tant d'avances que beaucoup ne touchaient rien, d'autres seulement 1/2 ou 1 th. ; ils devaient vivre avec cette somme jusqu'au prochain paiement. (Voir des détails dans les *Rapports de l'association centrale pour l'amélioration des classes ouvrières à Berlin*. Nouvelle série, 5me livr., p. 453, Berlin 1855).

Dans la Basse Silésie, les ouvriers des chemins de fer recevaient, à la fin de 1845, 6 gros par jour ou 1 th. 6 gros par semaine. Les casseurs de pierres sur les routes étaient encore plus mal rétribués. Les dépenses d'une famille pauvre composée du père, de la mère et de 3 enfants s'élevaient dans les villages de cette province 1° pour loyers (8 th. par an) 20 gros, pour l'école 5 gros 4 pf., pour les impôts 2 gros, pour la commune 4 pf., pour les routes 6 pf., pour le pain (un pain de 2 1/2 gros par jour) 2 th. 15 gros, pour les pommes de terre (un quarteron à 4 gros par semaine) 16 gros, pour le beurre (4 quarterons à 1 gros par semaine) 20 gros, pour la farine (2 set. à 2 gros par semaine) 16 gros, pour le sel 4 gros, pour la soupe 4 gros, pour le savon 4 gros, soit un total de 5 th. 17 gros 2 pf. Dans cette somme, ne sont pas compris le feu, la lumière, les vêtements et autres objets nécessaires (*Gesellschaft Spiegel* Elberfeld 1846, vol. 2 liv. 7. p. 3, 5 et 10.)

A Eilenburg (province de Saxe, arrondissement de Mersebourg), une famille d'ouvriers composée du mari, de la femme et de 2 enfants, les moins rétribués dépensaient par semaine pour le pain et la farine 1/2 boisseau de seigle 1 th. 10, pour 1/2 livre de beurre, saindoux, etc. 2 gros, pour huile 1 gros 6 pf., pour sel 6 pf., pour café et accessoires 2 th. 3 gros, pour le lait 1 gros 6 pf., s'il y a un petit enfant pour pain blanc ou autre chose semblable telle que semoule, gruau et sucre 3 gros, pour viande (2 fois la semaine) 3 gros, pour loyer calculé à raison de 10 th. au minimum par an, 5 gros, pour bière en été ou genièvre en hiver 3 gros, pour divers : gruau, orge, millet, etc. Total 2 th. 4 gros.

Si l'on déduit cette somme des 2 th. 7 gros 6 pf. qui forment le montant des salaires hebdomadaires de la famille, il reste un surplus de 3 gros 6 pf. Nous avons calculé le salaire de l'homme à 8 gros 0 pf. par jour et celui de la femme à 5 gros par jour, celle-ci ne travaillant que 3 jours.

Dans ce budget emprunté à l'écrit de Bernstein : *Der Handarbeiterstand und sein Nothstand Eilenburg* 1847, il n'est rien porté en dépense pour pommes de terre, vêtement, lessivage, souliers, feu et autres objets indispensables à une famille, pour l'école, les impôts tant au profit de l'Etat que de la commune : en outre, il n'est pas tenu compte des jours de fête et autres où le chômage est involontaire. Si l'on avait pris ces points en considération, il est évident que le boni disparaîtrait complètement, ainsi que les économies, source de l'encaisse.

Le Play l. c. nous donne le budget suivant d'une famille d'ouvriers de la province du Haut-Rhin.

	RECETTES.					DÉPENSES.							
	Propriété mobilière et immob.	Revenus extraordinaires.	Salaire.	Autres gains.	Total.	Nourriture.	Vêtement.	Logement.	Feu et lumière.	Éducation, etc.	Impôts.	Santé.	Total.
1 tisserand.	6 85	58 51	429 90	100 92	587 18	406 22	91 81	51 06	24 09	9 00	0 00	5 00	587 18
2 fondeurs dans une fabrique de fer du Hundsruck.	129 21	56 42	924 72	258 45	1348 80	662 61	282 31	66 95	88 05	3 62	83 67	17 50	1206 11

Dans le Bas-Rhin principalement sur la rive droite, en automne 1845, un journalier gagnait 7 à 8 gros par jour, un ouvrier de fabrique 8, 10-15 gros. Ce dernier n'ayant pas toujours du travail, nous pouvons fixer à 10 gros son salaire moyen ce qui donne 100 th. pour 300 jours de travail. Joignons-y 20 th. de recettes extraordinaires, nous aurons un total de 120 th. Les dépenses les plus indispensables de la famille étaient : pour pain (7 livres à 6 gros par jour) 75 th., pommes de terre (8 livres par jour à 1 th. le scheffel) 26 th. 18 g., sel, vinaigre, petit pain pour les petits enfants, café, chicorée, tabac, 10 th., huile pour l'éclairage et la cuisine 13 th. 15 g., logement 10 th., houille non compris le bois (3/4 scheff. de gaillette par semaine à 9 gr. le sch.) 11 th. 20 g., vêtement, y compris les souliers (environ 10 paires) et la toile, 16 th., impôts 1 th., école 2 th., total 165 th. 24 gros. Les dépenses dépassent donc les recettes 45 th. 24 g. Remarquez qu'il n'est rien porté en dépense pour la viande, le lard, la farine, les légumes, la bière, ni pour dépenses imprévues, maladie, baptême, enterrement qui peuvent survenir et coûtent toujours quelque chose. *Gazette de Cologne*, supplément, nº 328 du 24 novembre 1845.

Voici pour la Basse Bavière quelques chiffres empruntés à la *Revue de la société de statistique de Reden* 1847 p. 912 et s. Un jeune berger gagnait alors 8 à 10 fl. par an y compris la nourriture et le logement, une servante, un domestique de ferme 18 à 36 fl., 24-60 fl., un journalier 21 à 24 kreutzer par jour sans nourriture et 15 à 21 avec la nourriture. Dans les villes et bourgs, le salaire annuel y compris la nourriture et le logement était de 12 à 40 fl. pour une servante, 40 à 60 fl. pour un domestique ou un cocher, le journalier recevait 18-24 kr. par jour avec la nourriture et 24 à 30 kr. sans nourriture. Dans tous les métiers, les ouvriers étaient logés et nourris chez les maîtres et leur salaire hebdomadaire variait selon les métiers. Le salaire le plus bas était payé par les tailleurs, cordonniers, tisserands, boulangers et menuisiers, il était de 48 kr. à 1 fl. 45; tandis qu'il s'élevait de 1 à 2 fl. chez les bouchers, vitriers, meuniers et maçons.

Les dépenses les plus indispensables de la famille s'élevaient annuellement à 136 flor. savoir : pour l'habitation 25 flor., pour bois 20 flor., pour blé 36 flor., pommes de terre et autre nourriture 28 flor., sel 2 flor., vêtement 20 flor., lumière et savon 4 flor., impôts 1 flor. Si l'on compte 260 jours de travail par an, le journalier gagnait 130 flor. si son salaire était 30 kr. par jour, et 104 flor. s'il était de 24 kr. Il ne pouvait donc suffire avec son salaire à ses besoins et à ceux de sa famille.

Dans l'arrondissement de Frankenthal (Palatinat) le prix de la journée est dans un grand nombre de localités de 20 à 22, dans d'autres 24 à 26, même 30 kreutzer et au delà; dans les montagnes il dépasse en moyenne 26 kr., et dans les vallées 25, dans la plaine 25 1/2 kr. La femme reçoit toujours 4 à 6 kr. moins que l'homme. Calculant 300 jours de travail par an, on trouve que le salaire annuel de l'homme est de 128 flor., celui de la femme de 40 à 45 flor. environ, soit en tout 168 à 173 flor. Les époux, s'il survient des enfants, ne peuvent vivre avec ce salaire qu'à force d'économie. S'ils doivent acheter tout ce qui leur est nécessaire, il ne leur reste rien après le paiement du logement, du chauffage, de l'éclairage, des habillements et des ustensiles. La situation s'améliore s'ils peuvent tenir une vache ou une chèvre; elle devient bonne, s'ils peuvent louer à bas prix un champ pour y cultiver des légumes ou du blé. Si la nourriture est fournie par le maître, (grossen Taglohn) l'ouvrier reçoit un moindre salaire en espèces; celui-ci est alors 12, 14, 16 kr. pour l'homme, 10 kr. pour la femme. Les ouvriers les mieux rétribués sont ceux qui travaillent dans les vignes ou les forêts. Un valet gagne par an environ 50 flor., y compris les pourboires et les cadeaux (chemises, bottes, etc.) 60 flor. Chez les paysans riches et les propriétaires, les bouviers reçoivent en moyenne 60 flor., les valets d'écurie 70 flor., le vacher et le distillateur 80 à 90 flor., parfois 100 flor. Une servante se paie de 25 à 40 flor. par an. Les domestiques loués à la semaine reçoivent de 1 flor. 24 à 1 flor. 45 kr. La nourriture qu'on leur donne peut être évaluée à 18-20 kr. en moyenne. Rau, *Économie rurale du Sud de l'Allemagne* entre sur cette situation dans des détails plus circonstanciés p. 100.

En Saxe, une enquête très-minutieuse fut faite en 1840 sur les salaires des classes ouvrières : elle devait servir aux travaux de la commission instituée pour examiner la situation de l'industrie. Nous y lisons qu'un ouvrier y gagnait par semaine non compris la nourriture et le logement ou en les évaluant en espèces.

	Grandes villes th.	Villes moyennes et petits th.
Chez les boulangers	1 3/4	1 1/2
— tonneliers	2	1 2/3
— relieurs	2-2 1/2	1 2/3

Chez les tourneurs	2	1 2/3
— bouchers	1 3/4	1 1/2
— chapeliers	2 1/2	2
— tanneurs	2 1/2	2
— ferblantiers	2 1/2-3	2
— selliers	2 1/4-3	2
— carrossiers	2-2 1/2	1 1/2-2
— forgerons ou serruriers	2 3/4-3 1/2	1 1/2-2
— tailleurs	1 1/2-3 1/2	1 1/2
— cordonniers	2-3 1/2	1 1/2-2
— menuisiers	2 1/2 3	1 1/2-2
— maçons ou charpentiers	3	2-2 1/2

A Dresde, l'administration a fixé le prix de la journée pour le journalier en été à 8 gros, en hiver à 7 gros. Le salaire annuel du journalier est donc de 70-75 th. déduction faite des dimanches et jours de fêtes et en supposant qu'il travaille tous les jours, ce qui n'est pas le cas. Sa femme, empêchée souvent de travailler à la journée, ne trouvant même que difficilement de l'ouvrage, ne peut guère gagner plus de 20 à 25 th. Dans des circonstances favorables, la famille peut donc gagner annuellement 100 th. Or, cet ouvrier, pour vivre convenablement avec sa femme et ses enfants, a besoin de 120 à 150 th. par an ; sinon à chaque événement imprévu, en cas de maladie, il doit recourir à la charité publique ou privée (*Hansen, über öffentliche Arbeits-Nachweisungsanstalten* p. 25 et 26). Le salaire des ouvriers, tel qu'il est indiqué dans le tableau ci-dessus, est tout aussi insuffisant que celui du journalier.

Arzberger, Pièces relatives à la réforme de l'industrie établit comme suit les ressources et dépenses annuelles d'une famille d'ouvriers : il faut

1. Pour l'homme : nourriture 60 th., habillement et lavage 10 th., logement 10 th., feu 5 th., outils, maladie, chômage, baptême, enterrement, impôts, etc. 8 th., menus plaisirs, école 3 th., total 96 th.

2. Pour la femme : elle a à peu près les mêmes besoins, mais comme elle gagne la moitié du mari, celui-ci doit gagner pour elle 45 th.

3. Pour les enfants, un vieux père ou une vieille mère, ou 3 personnes, il faut au minimum 40 th. par an en supposant que 1 1/2 gros suffise par jour et par personne pour la nourriture, le vêtement, etc.

D'après ces calculs, l'ouvrier doit se procurer par an 180 th. Pourcela,son travail devrait lui procurer par jour 15 gros,lui qui s'estime heureux quand il a un salaire assuré de sept gros 6 pf. Dans cette situation, que l'on peut considérer comme exagérée dans un sens ou dans l'autre, il faut supposer que les enfants reçoivent gratuitement l'instruction et contribuent à leur entretien en glanant et en ramassant du bois.

Si l'on suppose une famille d'ouvriers en ville, composée de 6 personnes ne pouvant être rangée au nombre des nécessiteux mais qui emploie convenablement ses ressources, la femme reçoit pour ses dépenses de ménage 2 1/4 th. par semaine soit 117 th. par an et environ 9 1/2 gros par jour. Avec cette somme, elle doit subvenir à la nourriture (pain excepté) et à l'habillement de la famille (l'homme et les souliers excepté) de sorte que il lui reste tout au plus pour nourriture 7 gros par jour. Cinquante pour cent de la population jouissant dans des circonstances favorables de 200 th. de revenu, vivent de cette manière. L'auteur prétend que,dans une ville moyenne de cette contrée, 1/8 des ouvriers jouit d'un revenu de 250 th. et au dessus 2/8 s'estiment heureux de gagner plus de 15 gros par jour, 1/5 ne dépasse pas 12 1/2 gros, le reste n'atteignant pas même ce taux ou devant être rangé parmi les mendiants. Un maître tailleur, travaillant sans ouvrier ni apprenti, ne gagne pas plus de 15 gros par jour et son travail ne lui rapporte pas plus de 180 th. par an, tandis que le tailleur qui travaille avec 2 ouvriers gagne 22 1/2 gros par jour soit 275 th. par an, le tout en supposant qu'il eût toujours de l'ouvrage ce qui n'existe pas en réalité. Il faut déduire pour chômage pendant 2 mois, au premier 30, au second 45 th. par an, de sorte que leurs revenus peuvent être portés annuellement à 150 et 230 th. (*Doll* dans son ouvrage couronné : *Die gewerbliche Association* Gotha 1856 p. 14-19 donne des détails plus étendus). Il résulte des chiffres ci-dessus qu'un maître tailleur gagnant 150 th. par an, ne peut vivre de la même manière que la famille de l'ouvrier dont nous avons parlé ci-dessus, il en est de même de celui qui gagne 230 th. par an, si l'on réfléchit que les 80 th. qu'il gagne en plus sont absorbés et au delà par la nourriture qu'il doit fournir à ses deux apprentis.

Flor dans la revue de Reden ci-dessus citée 1847 p. 900 nous fait connaître exactement et dans ses plus petits détails les salaires des diverses classes de la population ouvrière du Holstein et notamment d'Altona : journaliers, domestiques, ouvriers, apprentis, etc. L'étendue de ces renseignements nous force de renvoyer à l'ouvrage original, nous en extrayons seulement ce qui nous intéresse, c'est-à-dire le budget d'une famille d'ouvriers de 5 personnes.

I. Revenus.

Admettons que l'homme gagne 12 gros par jour, cela donne pour 203 jours de travail 81 th. 6 gros et en outre pour 102 jours à 6 gros 20 th. 12 gros. La femme peut gagner hors de la maison en travaillant 3 jours par semaine, outre la nourriture 6 gros par jour ou 31 th. 6 gros. Deux enfants travaillant dans une fabrique de tabac ou de laine, gagnent par semaine 1 th. ou 52 th. par an. Total des revenus 184 th. 24 sg.

II. Dépenses.

1.	Nourriture 12 1/2 gros par jour ou par an	150 th.	24 sg.
2.	Feu et lumière	8 »	15 »
3.	Lessivage, entretien du mobilier, ramonage, garde de nuit, caisse de secours et de mortalité.	4 »	15 »
4.	Vêtement, literie au minimum	16 »	17 1/4
5.	Habitation	14 »	»
6.	Impôts : personnel, communal, etc.	7 »	»
	Total	201 th.	11 1/4 gros.

Les dépenses dépassent donc les revenus de 16 th. 17 1/4 gros. Remarquez ensuite que les recettes sont calculées dans l'hypothèse la plus favorable, celle où le mari travaille toute l'année. Or, il arrive assez fréquemment des jours de chômage ou de maladie, le salaire fait défaut et la caisse de secours est insuffisante : la famille alors doit recourir à la charité privée ou publique.

Quant au duché de Luxembourg nous renvoyons à un article inséré dans la Revue de Beden 1847 p. 658 et 659. On y trouvera différentes données sur les salaires et les dépenses des ouvriers de diverses catégories tant en ville qu'à la campagne. Mais elles ne sont pas faites avec l'étendue, le soin et l'exactitude désirables. C'est pourquoi nous n'en faisons pas usage.

Au contraire nous trouvons dans la même revue 1847 p. 1038-1048 des renseignements consciencieux et étendus sur la situation matérielle des classes ouvrières dans les villes libres de Hambourg, Brême, Lubeck et Francfort sur le Mein. Nous renvoyons à cet ouvrage quant aux divergences énormes que présentent les salaires, les revenus et dépenses annuels et les besoins des familles d'ouvriers. Nous en extrayons les résultats suivants :

1) Les revenus moyens d'une famille d'ouvriers de la dernière classe, en supposant l'absence de chômage et le travail de la femme ou d'un autre membre de la famille sont à Hambourg de 160 th., à Brême de 155 th., à Lubeck de 140 et à Francfort de 185 th.

2) *Année moyenne les dépenses sont :*

	Hambourg	Brême.	Lubeck.	Francfort
	th. gr. pf	—	—	—
1. Pain et pommes de terre	75	69 —	54	78
2. Nourriture.	37—15	34 — 15	27	39
3. Loyer.	30	20	10	36
4. Feu et lumière. . .	. . 7 à	9 th. 15 gr.		
5. Vêtements	. 15 à	20 th.		
6. Impôts au profit de l'État, de la commune, de l'église et de l'école. .	—	1 — 14	8 — 23	5 — 14
7. Dépenses diverses : mobilier, lessivage, ramonage, maladie, etc.	3—15	3 15	3 15	3 — 15
	168	150 — 14	128 — 8	181 — 29
Total. .	175 15	157 — 20	132 — 23	189 — 24

Les ressources sont donc insuffisantes pour les dépenses strictement nécessaires ou sont égales. Cependant elles sont calculées dans l'hypothèse où le mari travaille toute l'année et où la femme y contribue aussi selon ses forces; ce qui n'existe pas en cas de chômage des affaires, de maladie de l'homme ou de la femme, de couches, de soins du ménage, etc.

Dans la Hesse électorale, le journalier gagnait dans l'arrondissement de Marbourg en 1847, à la campagne 6 à 7 gros en moyenne par jour soit 60-70 th. par an, en ville avec sa femme 90 th., un charpentier 8 gros par jour ou 80 th. par an, un maçon 1 th. 24 gros par semaine l'été, 1 th. 17 gros au maximum en hiver soit par an 75 à 90 th., un tisserand 1 th. 27 gros par semaine ou 97 th. par an, un maître cordonnier ou tailleur 100 th. en moyenne. En évaluant ainsi le gain annuel de cette foule de petits artisans peu fortunés, on le fixe plutôt trop haut que trop bas, car ils restent souvent des jours et des semaines sans ouvrage et nous avons fixé l'année à 300 jours de travail. De ces 100 th., ils en paient 12 pour logement, 10 pour bois et lumière, 65 pour nourriture, 13 pour habillement, lessivage et autres besoins. Ils ont donc 5 1/2 gros à dépenser pour l'entretien de la famille, soit dans l'hypothèse la plus favorable, celle où il n'y a pas d'enfants, 2 gros 8 pf. par personne. On peut juger par là quelle est leur nourriture. Ils se nourrissent en général de pain, de graisse, de café et de pommes de terre ; ce n'est que dans des circonstances heureuses qu'ils peuvent servir sur leur table 3/4 livres de viande deux fois par semaine pour deux personnes. S'ils ont des enfants, ils doivent y renoncer et si les denrées sont chères comme dans l'hiver de 1846 à 1847, leur misère atteint des proportions incroyables. (*Économie nationale* par Hildebrand p. 180-183.)

De 1841-1847 le prix de la journée pour les ouvriers était :

	villes		campagnes	
	homme	femme	gr.	pf.
Province de Hesse inférieure	8 10/12 gros	5 5/12 gros	6-7	5-0
» » » supérieure	8 1/2	6	7-3	5-7
» » Fulda	8	5 1/2	6-8	5-5
» » Hanau	9 2/12	7 1/2	8-1	5-9
Dans l'Électorat	8 1/12	6	6-10	5-5

Le journalier gagnait donc en ville par an 88 th. 23 gros, la femme 61 th. 28 7/12 gros.

En supposant que celui de la campagne travaillât toute l'année, son salaire annuel s'élevait à 69 th. 23 gros 5 pf., celui de la femme à 55 th. 9 gros 7 pf. Le salaire des domestiques et servantes à la campagne consiste partie en argent, partie en étoffe pour habillement. Si l'on évalue le tout en argent, ainsi que leur entretien par le maître, le salaire annuel est dans l'Électorat de 56 th. pour les domestiques et de 46 pour les servantes. Il est à peu près le même dans les petites villes et un peu plus élevé dans les grandes villes. A Hanau, un domestique ordinaire gagne annuellement y compris la nourriture et un cadeau de nouvel an, 40 flor. et une servante 30 à 36 flor. A Cassel, le salaire est à peu près le même, mais celui des hommes augmente sensiblement, lorsqu'on les emploie par des motifs de commodité personnelle.

La population ouvrière de la Hesse électorale se compose de mineurs, de fondeurs et d'ouvriers de fabrique ; le taux des salaires y est trop différent pour que nous entreprenions d'en parler ici. Ceux que la chose intéresserait, trouveront une mine riche dans les *Renseignements statistiques sur la situation économique de la Hesse électorale par Hildebrand* à qui nous avons emprunté ce qui précède. Il est à regretter que l'auteur n'ait donné que peu de renseignements sur la manière de vivre des ouvriers, notamment sur les dépenses qu'ils doivent faire pour subsister. Il rapporte entre autre que dans les usines de fer de Smalkade, le salaire est très-peu élevé, de sorte qu'un maître travaillant 15 heures par jour gagne rarement, même dans les meilleurs temps, plus de 10 gros, souvent au contraire 5 à 6 gros. La nourriture principale de ces ouvriers consiste en pain et en bouillie (Brühe.) (Décotion de raves ou de chicorée avec du lait) qu'ils mangent à 6 heures du matin et à 1 heure de relevée, plus de l'eau-de-vie à 9 et à 4 h. C'est seulement le soir après le travail, qu'a lieu le repas principal : de la soupe ou des légumes, rarement de la viande. Dans les fabriques de cigares de Hanau, un ouvrier ordinaire gagne de 4 à 5 flor. par semaine, déduction faite de ce qu'il paie à son aide (Wickelmacher), les enfants de 1 à 2 flor., un journalier 24 à 26 kreutzer, une femme de 22 à 24 flor. La plupart de ces ouvriers dînent à la fabrique, si même ils sont mariés, ils ne le font pas chez eux. Leur dîner coûte 10 kr., le déjeuner 4 kreutzer. Le loyer annuel s'élève de 26 à 36 fl. Par suite les dépenses d'une famille d'ouvrier s'élèvent par semaine.

	fl.	kr.
1 pour logement		30-42
2 pour dîner des parents	2	20
3 pour déjeûner		56
4 pour souper		56
5 pour les enfants		28
		5 fl. 16.

De sorte que sur le mince salaire de 6 1/2 fl. (pour l'homme et la femme), il reste pour vêtement et autres objets 1 fl. 14 kr. par semaine.

Quant au grand duché de la Hesse, particulièrement pour la Hesse électorale, il résulte d'une dissertation très-longue et très-détaillée (Reden Revue 1847, p. 840 à 853) que A les journaliers à la campagne continuent à gagner l'ancien salaire de 24 kreutz., la femme travaillant 3 jours par semaine à 18 kr. par jour; B que les journaliers vivant à la campagne et cultivant pour leur compte une pièce de terre, travaillant en ville, y gagnent de 40 kreutzer à 32 kr. par jour et la femme 1 fl. par semaine, C que ceux qui vivent en ville, y gagnent un salaire de 30 kr. par jour et la femme 1 fl. 30 k. par semaine, D que les ouvriers de fabrique vivant en ville, y gagnent 44 kr. par jour et la femme 8 fl. par mois ; que, par suite depuis longtemps, le salaire de l'homme et de la femme est insuffisant pour subvenir au strict nécessaire de la famille. Cette situation provient de ce que les salaires ne dédommagent pas l'ouvrier de son travail, parce qu'ils ne sont pas en rapport avec le prix des choses nécessaires à la vie.

Le professeur Rau a dressé le budget de deux familles d'ouvriers du grand duché de Bade, peu fortunés quoique ne recevant pas de secours publics (manœuvres, coupeurs de bois, etc.,) vivant l'une à Heidelberg l'autre dans un village voisin. Ducpetiaux, *Budgets économiques des classes ouvrières en Belgique*, l'a publié comme annexe à son ouvrage. D'après lui les dépenses annuelles consistent :

	à Heidelberg		dans le village voisin.	
pour nourriture	241 flor.	36 kr.	207 flor.	28 kr.
pour logem., vêtem.	160	15	106	53
Total	401 fl.	51 k.	314 flor.	21 kr.

Recettes.

A Le père gagnant 36 kr. par jour, un fils de 16 ans et la mère chacun 24 kr. (l'année de travail étant comptée à 300 jours pour les deux premiers et de 75 à 100 jours pour la mère), le revenu annuel s'élève de 330-340 flor.

Si le père est ouvrier, coupeur de bois, etc., il peut gagner seul de 200 à 200 flor. et le revenu s'élèverait à 380 fl.

B A la campagne le père gagne 30 kr., dans certains endroits isolés 24 kr., le fils et la mère chacun 20 kr. Il y a 30 ans que ce taux des salaires est resté le même.

La famille reçoit donc 275 fl. de salaire par an. Les enfants peuvent encore, en ramassant des fraises, des myrtilles, etc. dans les forêts, gagner 2 fl. 30 soit en tout 277 fr. 30.

Mais dans ces deux familles, les dépenses dépassent les recettes.

Enfin pour le Hohenzollern-Sigmaringen, dans le Rhin moyen, dans le Mein et le bas Neckar, voir deux articles dans la revue de Reden 1847, p. 359-381 et 634-639. Ces deux articles sont étendus et renferment peu de chiffres.

ANNEXE III.

DURÉE DE LA VIE DES OUVRIERS.

La durée de la vie de l'homme dépend d'une foule de circonstances. La nature, l'éducation, la manière de vivre, les influences extérieures sur le corps, l'esprit et l'âme, etc., tout y contribue. La situation matérielle et les occupations déterminent essentiellement et principalement la durée plus ou moins longue de la vie de chaque individu. Elles fixent le nombre d'années que chacun parcourera. L'objet de la présente annexe est précisément de montrer la connexion qui existe entre ces facteurs et la mortalité, principalement au point de vue des classes ouvrières.

Le séjour, l'habitation et le travail à la campagne sont plus sains que ceux des villes : aussi la vie y est-elle plus longue. D'après le *Registrar-General*, il meurt en Angleterre 1 million d'hommes dont 19,300 à la campagne ou 1 sur 52, 27,073 dans les villes ou 1 sur 37 : il y a donc 7,775 décès de plus dans celles-ci que dans les campagnes. (*Rapports de l'association centrale pour le bien-être des classes ouvrières.* Nouvelle série, T. II. p. 238. Berlin 1859. En 1855 on fixait le nombre des décès à 1 sur 32, 72 à Manchester, à 1 sur 31, 90 personnes à Liverpool, tandis que dans les districts agricoles de Cheshire, Lancasthire et Yorkshire, il était de 1 sur 39, 80. *Engels. Situation des classes ouvrières en Angleterre.* Leipzig 1845. Nous lisons dans un rapport très-intéressant sur les habitations ouvrières publié par la société pour leur amélioration (*Kleinschrod.* Annexe à la suite de son ouvrage sur le *Paupérisme en Angleterre.* Augsbourg 1853, Engels l. c. p. 137), que la mortalité durant 11 années de 1840-1850, était en moyenne, dans les communes rurales et les petites villes de l'Angleterre, 1, 8 et dans les 117 districts où se trouvent les grandes villes 2 1/2 p. % de la population. Dans les comtés ruraux de Glocester, Essex, Hereford, Norfolk. Suffolk, Sussex et Westmoreland, elle était comme 1 : 48; dans ceux de Cornouailles, Devon, Dorset, Somerset et Wilts comme 1 : 52, dans l'île de Wight comme 1 : 58, dans l'Anglesey 1 : 62, au contraire dans les villes d'Ashton, Bristol, Bath et Birmingham 1 : 38, à London 1 : 36, à Manchester 1 : 30, à Liverpool 1 : 29.

A Londres, il y avait *un* cas de mort sur 30, 5 hommes et 43, 3 femmes, dans les districts ruraux voisins Godstone, Reigate et Dorking 1 sur 65, 1 hommes et 61, 0 femmes.

La durée moyenne de la vie dans les grandes villes de l'Angleterre est de 32 ans, dans les campagnes de 45 ans. Dans le comté de Rutland dont les habitants s'occupent exclusivement d'agriculture, sur 10,000 décès en 5 ans, on comptait 2,865 enfants; tandis qu'il y en avait eu presque le double, c'est-à-dire 5,286 dans la ville industrielle de Leeds. Engels, l. c., p. 137.

La Belgique nous fournit des données semblables. La mortalité dans les villes y était en 1832 de 35,606 personnes sur une population de 990,268 soit 1 : 25, tandis que dans les campagnes il n'y avait que 79,304 décès sur 3,077,478 habitants soit 1 : 38 (De Gerando *de la bienfaisance publique*. Bruxelles 1839, p. 118, note 1.)

Dans les villes mêmes, la mortalité dépend de circonstances extérieures : de l'habitation, de la nourriture, des occupations etc., et varie considérablement sous cette influence notamment parmi les classes ouvrières.

Qu'on lise dans Engels, ouvrage cité, la description de la vie des ouvriers dans les villes de l'Angleterre. Ainsi dans les mauvais quartiers de Londres, à St Gilles et aux environs, à Whitechapel et Bethnal-Green (p 40 et s.) à Dublin (p. 48) Edimbourg, (p. 49 et s.), Liverpool (p. 52 et s.), dans les villes manufacturières de Nottingham, Leicester, Derby, Sheffield (p. 52 et s.) de Birmingham, Glasgow, Leeds, Bradford, Bolton, Stockport, Stalybridge (52-62) et enfin à Manchester et ses environs (p. 62-88). Ces peintures vous remplissent d'horreur bien que parfois exagérées par l'esprit de parti. Leur exactitude est confirmée dans les volumineux rapports de la commission d'enquête, dans *Chadwick-Report on an inquiry into the Sanitary condition of the labouring population of Great Britain*. Juil. 1842, 3 vol, dans Dr Kay. *The moral and physical condition of the working classes*, etc., dans Buret. *Misère des classes laborieuses en Angleterre et en France*, 2 vol. Paris 1841, dans Faucher *Études sur l'Angleterre*, 2 vol. Paris 1845 et dans beaucoup d'autres ouvrages. On trouvera des descriptions semblables, quoique moins affreuses sur la situation en France (à Paris, Lyon, Mulhouse, Lille et autres) dans l'ouvrage de Buret, dans Villermé. *Tableau de l'état physique et moral des ouvriers employés dans les manufactures*. Paris 1840, 2e vol., dans de Gerando. *Bienfaisance publique*, 2 Part., Liv., 3 chap. 3, art. 2 et s. On peut comparer pour la Belgique Ducpétiaux, *Rapport sur l'état des habitations de la classe ouvrière à Bruxelles*. Bruxelles 1838 et son Mémoire *sur la mortalité dans la ville de Bruxelles comparée à celle des principales villes de l'Europe*, (2 vol du *Bulletin de la commission centrale de statistique*) et le Mémoire du comité de salubrité de Bruxelles sur la condition des classes ouvrières en Belgique, enquête de 1844 et 1845, Bruxelles 1846. Après avoir lu ces ouvrages, on restera convaincu de l'influence qu'exercent ces choses sur la santé et la mortalité. Engels en a fort bien dépeint les tristes effets sur les classes ouvrières p. 122 de son ouvrage. Cela explique pourquoi à Liverpool en 1840, la durée moyenne de la vie était de 35 ans pour la classe élevée, de 22 pour les gens d'affaires et les artisans, de 15 ans seulement pour les serviteurs, ouvriers et journaliers. Cette durée moyenne était pour les mêmes classes à Manchester, de 38, 20 et 17 ans, à Leeds de 44, 27 et 19 et dans Bethnal Green à Londres de 45, 26, 16 (Chadwick l. c. et Engels, p. 135.)

C'est encore aux mêmes causes qu'il faut attribuer la différence de mortalité entre les 8e, 9e et 12e arrondissements de Paris dans lesquels se trouvent les fabriques et habitent les ouvriers et les 1er 2e et 3e arrondissements où vivent les classes aisées. Il mourait en effet :

	1817-1821	1821-1826	1852
Dans le 9e arrondt	1 : 44	1 : 50	1 : 35
» 8e »	1 : 43	1 : 46	1 : 42
» 12e »	1 : 45	1 : 44	1 : 43
» 1er »	1 : 58	1 : 66	1 : 64
» 3e »	1 : 60	1 : 67	1 : 60
» 2e »	1 : 62	1 : 71	1 : 70

(*Villermé, Rapport sur les recherches statistiques sur la ville de Paris* dans les *Archives générales de médecine* et *Trebuchet, Recherches sur la mortalité dans la ville de Paris* dans *les Annales d'hygiène publique*, 2e Série, vol. 7.

Il est hors de doute que la profession exerce aussi une grande influence sur la santé et la durée de la vie humaine. Nous possédons sur ce point pour chaque pays des renseignements très intéressants. Ainsi il faut lire pour l'Angleterre Thackrah *The effects of arts, trades and professions, etc., of living on health and longevity.* Londres 1832, Chadwick (*Report* ci-dessus cité). Engels (l. c.) le Docteur Knight, *Dissertation sur le phthisie des ouvriers polisseurs dans le Med. and Surgeon Journal*, août et septembre 1830; pour la France, *Benoiston de Châteauneuf. De l'influence de certaines professions sur le développement de la phthisie polmonaire* dans le 6e volume des *Annales d'hygiène publique*, de Villermé; pour Genève, Dr Lombard. *De l'influence des professions sur la durée de la vie dans les annales d'hygiène*, vol. 11 et 14; pour la Saxe, Dr Meyer. *Versuch einer medecinischen Topographie und Statistik von Dresden;* pour Francfort, le Dr De Neufville. *Lebensdauer und Todesursachen 22 verschiedener Stände und Gewerbe*, etc. Francfort 1855. Il faut y joindre les *Nouveaux éléments d'hygiène* de Ch. Londe, et les recherches du Docteur *Fuchs sur l'influence des différentes professions sur la santé et la mortalité* dans le 2e volume des *Nouvelles annales scientifiques* de Hècker.

D'après ces auteurs, les professions les plus nuisibles à la santé sont celles des horlogers, joailliers, bijoutiers, graveurs, tailleurs, bonnetiers, des ouvrières dentellières, des modistes, couturières, tricoteuses, etc. Elles sont exposées à se voir enlever leur gagne pain par la perte ou la faiblesse de la vue, les maladies des yeux, ainsi que par les maladies de poitrine et à la phthisie pulmonaire. Engels p. 253 et 236 de son ouvrage, nous fait la plus triste peinture du sort des modistes et des couturières à Londres. Les professions de tanneur, d'ouvrier en acier, de tailleur de limes, de forgeron et de serrurier, d'imprimeur, de mineur dans les mines de fer, de cuivre, d'étain, de zinc, de plomb et de houille, d'ouvrier distillateur et brasseur, d'ouvrier tisserand et filateur, sont aussi très nuisibles à la santé. La plupart de ces ouvriers deviennent faibles et maladifs de bonne heure, languissent et meurent jeunes. Ceux qui travaillent dans les fabriques d'aiguilles, qui font les pointes d'aiguilles, atteignent rarement les âges de 40 et de 50 ans, d'autres tels que les tailleurs de limes, les ouvriers mineurs des mines de plomb et de zinc n'atteignent pas même cet âge,

Parmi les plus nuisibles, il faut ranger la profession de polisseur sur acier. Les polisseurs de couteaux à Sheffield, qui travaillent sur des pierres humides, meurent entre 40 et 50 ans, les polisseurs de rasoirs qui polissent sur des pierres sèches ou humides, entre 40 et 45, les polisseurs de fourchettes, qui polissent sur pierres sèches, entre 28 et 32 ans. (Engels l c. p. 240) D'après le docteur Lombard la vie moyenne était à Genève chez les magistrats de 69,1 ans, chez les rentiers de 65,8, chez les cordonniers et tailleurs de 54,2, chez les journaliers et artisans de 52,4, chez les imprimeurs sur coton de 52,1, chez les menuisiers et ébénistes de 49,7 chez les serruriers de 47,2, chez les peintres de 44,3 ans. D'après Meyer sur 100 morts à Dresde il y en avait

	Agés de moins	Agés de plus de 50 ans.
des classes élevées	17	83
» classes inférieures	28	72
» journaliers	38	62
» tailleurs et cordonniers	47	53
» cochers	50	50
» relieurs, tisserands, imprimeurs, horlogers	55	45
» charpentiers	58	42
» menuisiers et vitriers	66	34
» tailleurs de pierres	88	12

A Francfort, d'après le docteur de Neufville, la durée moyenne de la vie avait été de 1820-1852.

		ans	mois
Chez les	ecclésiastiques de	65	11
»	instituteurs	56	10
»	marchands	56	9
»	charpentiers	49	2
»	maçons	48	8
»	tonneliers	47	6
»	cordonniers	47	3
»	menuisiers	46	4
»	forgerons et serruriers	46	3
»	tailleurs	45	4
»	taill. de pierres	43	10
»	typographes, fondeurs de caractères et potiers d'étain	41	9
»	lithographes et graveurs sur cuivre	40	10

Villermé à la fin de son *tableau de l'état des ouvriers* nous fait connaître combien sur 100 individus de professions diverses, étaient morts après un certain nombre d'années.

Voici le résultat de son calcul :

	Fabricants, directeurs négociants et leurs enfants,	Tisserands, fileurs et leurs enfants.	
à l'expiration de la 1e année	24	46	48
2e »	31	56	56
5e »	36	66	67
30e »	52	81	90
40e »	59	87	95
50e »	68	92	97
60e »	77	95	100
70e »	87	98	
80e »	94	99	

Ainsi la moitié environ des enfants des ouvriers fileurs meurent avant d'avoir atteint l'âge d'un an, tandis que la moitié des enfants des fabricants, etc atteignent l'âge de 30 ans. Le rapport de la commission d'enquête sur les ateliers de Manchester nous révèle des faits semblables ; il y mourait plus de 57 p. % des enfants d'ouvriers avant l'âge de 5 ans, tandis qu'il n'en mourrait que 20 p. % dans les classes élevées.

FIN.

TABLE.

—

ANNEXES.

www.ingramcontent.com/pod-product-compliance
Ingram Content Group UK Ltd.
Pitfield, Milton Keynes, MK11 3LW, UK
UKHW021045200726
13857UKWH00003B/829